はじめに

地域住民が住み慣れた地域で安心して尊厳のある、その人らしい生活を継続するために、地域包括ケアシステムの構築が求められ、その地域包括ケアの推進に向けた中核的な機関として「地域包括支援センター」が2006年に創設されて以来、早いもので10年が経とうとしています。

目まぐるしく変わる介護保険制度の中、多岐に渡る業務をこなすことに必死な日々を過ごしてきたように思います。

そのような中、私達支援センター分会包括的・継続的ケアマネジメント支援委員会では、包括的・継続的ケアマネジメントに関する取り組みを明らかにし、その環境整備について検討してきました。

今回、業務をめぐる組織環境の整備への工夫についてのヒアリング調査を実施するにあたり、私の勤務先に来てもらうことになりました。

今行っている業務についてお話をする中で、日々の業務を上手くまわす為にやってきたことや大切にしていることが日常業務を効率的に稼働させる小さな工夫になっていたり、リスクを回避することになっていたこと、それがセンター運営に欠かせない取り組みになっていることを初めて認識しました。

自分達のセンターがリスクをどのように捉え、どのような仕組みで動いているのかをあらためて考える機会にもなりました。

また、他のセンターのヒアリング報告も見させてもらい、センターに求められている業務は同じでもセンターによりやり方がこんなにも違うものかと驚いたのと同時にセンターの置かれている組織性や地域性の違いを再認識できました。

皆さんも、他センターによる業務の効率化をするための工夫や、業務を促進するためのリスクマネジメントを参考にしていただきながら、自分のセンターにおける強みや弱みを知る機会とするとともに、これからの業務の効率化や、多様な業務をこなす職員の心身の負担軽減に向けて、お役に立てば幸いです。

最後になりましたが、日常業務が多忙の中、ヒアリング調査にご協力をいただいた地域包括支援センターの職員の皆様及び関係機関の皆様に、この場をお借りして深く感謝申し上げます。

東京都社会福祉協議会　東京都高齢者福祉施設協議会
センター分科会　支援センター分会長　　小林　美穂

目 次

ケアマネジメントの環境整備に関する実態調査について

1　目的

地域包括支援センター・在宅介護支援センター（以下センターとする）には、地域の高齢者が住み慣れた地域で暮らすことができるよう、主治医、介護支援専門員等との多職種協働、地域の関係機関との連携など、包括的・継続的ケアマネジメントを実現するための環境整備が求められています。

こうした状況を踏まえ、東京都高齢者福祉施設協議会センター分科会支援センター分会では、包括的・継続的ケアマネジメント支援委員会を設置しながら必要な調査研究事業に取り組んでいます。

今回の調査研究では「ケアマネジメントの環境整備」に視点を置きながら、包括的・継続的ケアマネジメントに関する取り組みの実態について、センターの管理者（センター長）と主任介護支援専門員、センターを所管する自治体の両面から明らかにすることで、環境整備のあり方検討を目的として実施しました。

2　調査手法・対象ならびに時期

アンケート調査	都内のセンター（ブランチ、サブセンターを含む）の管理者及び主任介護支援専門員及び区市町村のセンター担当所管に調査票を送付の上、回答を依頼（調査時期：2013年３月14日～６月４日）。 ※詳細は72ページ「アンケート調査のあらまし」を参照。
ヒアリング調査	東京都内５カ所および沖縄県内２カ所のセンターへのヒアリングを実施。（ヒアリング実施期間：2014年８月22日、2015年７月31日～10月23日）。 ※詳細は６ページ「ヒアリング調査のあらまし」を参照。

※本報告書では、ヒアリング調査結果からアンケート調査結果の順に記しています。

3　実施主体

東社協　東京都高齢者福祉施設協議会　センター分科会　支援センター分会

東京都高齢者福祉施設協議会は、社会福祉法人東京都社会福祉協議会（東社協）における業種別部会の一つであり、特養分科会、養護分科会、軽費分科会、センター分科会の４分科会で構成しながら、東京の高齢者福祉・介護の向上を目指し、会員が主体になって研修や調査、提言活動に取り組んでいます。

支援センター分会は、センター分科会に属し、東京都内の地域包括支援センター、在宅介護支援センターの会員が所属しています。

4　共同研究について

本調査はルーテル学院大学大学院社会福祉学研究室「ケアマネジメント研究会」（代表：福山和女・ルーテル学院大学大学院教授）と共同で実施しました。※役職名は調査開始当時。

用語の表記

本文中の表記について、ヒアリングの様子をできるだけ忠実に再現する趣旨により、呼称の一部について、略称を用いるとともに、異なる複数の呼称によって表記している場合があります。

○地域包括支援センター＝「センター」「地域包括」「包括」
○主任介護支援専門員＝「主任ケアマネ」「主任CM」
○介護支援専門員＝「ケアマネジャー」「ケアマネ」「CM」
○居宅介護支援事業所＝「居宅」
○通所介護＝「通所」「デイサービス」「デイ」
○社会福祉協議会＝「社協」
○特別養護老人ホーム＝「特養」
○高齢者みまもりステーション＝「みまもり」「みまもりステーション」
○民生委員・児童委員＝「民生委員」

報告書によせて

介護保険の2000（平成12）年施行は、それまでの老人介護の対応しきれない限界を克服することが目的でした。介護に関して、老人福祉では、１）市町村のサービス決定であることから、サービス内容が画一的でした。２）利用者本人と扶養義務者の収入に応じた費用負担から抵抗感や負担感が利用者に重くのしかかっていました。また、老人医療では、一般病院の長期利用、医療費、コスト等の増加から、長期療養の場の未整備状況が浮き彫りにされたのです。

高齢者人口の増加と介護期間の長期化に、地域で対応する介護保険制度が稼働し始めて、６回に及ぶ改正が行われ、2011（平成23）年、地域包括ケアの推進を目的に地域密着型サービスの整備、2014（平成26）年（平成27年４月等施行）、さらなる地域包括ケアシステムの構築に向けた地域支援事業の充実（在宅医療・介護連携、認知症施策の推進等）を目指して、予防給付（訪問介護・通所介護）を地域支援事業に移行しました（平成27年８月）。17年後の現在、高齢者介護の現状が劇的に変化し、国レベルでの社会的、経済的な厳しい環境のもと、市町村が設置主体の地域包括支援センターでは、保健師・社会福祉士・主任介護支援専門員等を配置して（３職種のチームアプローチ)、住民の保健医療の向上及び福祉の増進を目指しています（介護保険法第115条の46第１項)。その業務として、制度横断的な連携ネットワークを構築して、介護予防支援及び包括的支援事業（①介護予防ケアマネジメント業務、②総合相談支援業務、③権利擁護業務、④包括的・継続的ケアマネジメント支援業務）を展開しています。

たとえば、１）組織外では、関係機関との協働（行政、多施設)、地域住民への介護予防の啓もう、地域への情報発信・関わりの形成、当該センターの機能の周知があります。２）組織内では、３職種の立場を明確にし、連携やケア会議の運営ネットワーク形成、スタッフの支援業務の整備（担当、分担、進捗状況、業務量や書類整理)、そして、住民全体への相談・対応、研修プログラム企画、設備・プログラムの企画運営が含まれています。また、職員に関しては、人数不足、人間関係、業務負担感、困りごとへの支援、精神的ストレス、燃え尽きない工夫、職員の怒りや不安への対応など、100以上もの業務を含んでいます。実に多岐にわたる業務を展開することが求められたことから、当該センターがこれらの業務遂行を円滑に効率よく、しかもスタッフの負担感を軽減できる対策が必要となりました。

当該センターでは、包括的、継続的ケアマネジメント支援業務を遂行し、効果や成果の評価から、人材や専門性確保までの課題が山積しています。

今回、当該センターに対して、業務をめぐる組織環境の整備への工夫についてヒヤリング調査を実施したことは、大変意義のあるものです。調査の対象者の方々から、現場での貴重なご意見、工夫内容を提示していただき、実践の妥当性を証明することの示唆を得ることができました。これに基づき今後の対策の提案が可能となり、本調査結果の大きな貢献を期待します。

ルーテル学院大学名誉教授
福山　和女

第1章
ヒアリング調査

Ⅰ　ヒアリング調査のあらまし

2006年地域包括ケアシステムの方向性が示され、地域の中核機関として地域包括支援センター（以下センターとする）が創設されました。センターの開設当初は介護予防業務に追われ、センターに求められていた他の業務に手が回らない状態が続きセンターは混乱していました。それはその後も続き、６年後の2012年に東社協が実施した「事業評価及び地域ケア会議等に関する報告書」の中にも人的な余裕がないことで、他の業務まで充分に手が回らないもどかしさが表れていました。

介護保険の改正に伴い新たな業務が付与され続けたこの10年間、センターはどんな工夫をして存続しているのか、職員は何に戸惑いどんな工夫をして業務を遂行してきたのか、センターの人員をどんな工夫をして確保してきたか、様々な疑問がわいてきました。そこで当委員会では、ヒアリング調査を実施することにしました。ヒアリング調査では「センターの業務を効率良く稼働させるための工夫」について質問をしています。

報告書にまとめるにあたり、センタ一業務を促進させるための小さな工夫は、センタ一職員、地域住民、他機関、ケアマネジャー等のリスク回避に役立ってきたはずであるという仮説のもと検証してみることにしました。

本報告書では、キー概念としてチェスター・バーナードの組織の成立要件３要素「コミュニケーション」「協働意欲」「共通の目的」を枠組みとして整理しています。バーナードは、組織について「相互に意思を伝達できる人々がおり、それらの人々は行為を貢献しようとする意欲をもち、共通目的をめざすときに成立するものである」と規定しています。センターにおいても、職員同士が意思を伝達し合い、センター業務に貢献しようとする意欲をもち、共通の目的を目指している時にこそ、センター業務が効率よく稼働するのではないかと考えました。

「コミュニケーション」とは、組織内で正確な情報を伝達して共有し、その情報を元にして職員間の意思疎通（対話・交流）を円滑にしていることをいいます。コミュニケーションが活発で円滑な組織は、自分と他のメンバーとの「共通の目的」を認識しやすくなり、お互いが協力し合い組織・仲間のために頑張ろうという協働意欲が引き出されやすくなります。コミュニケーションの方法の主なものは、口頭や書面による言語が中心でありますが、意味の理解される動作や行為、シグナル、以心伝心などを挙げることができます。

「協働意欲」とは、組織の職員は、自分と共通点のある「組織の目的」を達成するために、積極的に貢献しようとする意思を持っていなければなりません。組織の職員同士は、組織の目的や自分の目標を達成するために、お互いに助け合い協働しなければなりません。「自分がした貢献」よりも「組織から与えられるもの」が大きい時には、特に高い貢献意欲が引き出されることになります。ここでの意欲とは、自分の感情・欲望・邪念に打ち勝つこと、人格的行動の自由の放棄、人格的行為の非人格化を意味し、その結果は努力の凝集ならびに結合であります。

「共通の目的」とは、「組織の目的」と「自分の目的」との間に共通性や納得感があることです。組織の理念や存在目的に対して、その実現に自分も協力して貢献していきたいと思わせる「目的・価値観の共通性」があることです。個人に対して、組織における共通目的を提示したとしても、職員たちに容認されなければ協働は遂行されることはないため、目的の容認と協働意欲とは強い関連性がみられます。

また、これらの3要素はそれぞれが相互依存関係にあり、それぞれが管理職能と関連し、組織のマネジメントにおける最重要項目のひとつであり、組織が成立するためには3要素が外部環境に適応できるように結合されなければならないとされています。

さらに本調査では、ヒアリング内容を組織成立の3要素から検証し、リスクマネジメントに着目して考察しています。センターのリスクとは、センターに関わる職員、センター内、母体法人、保険者、地域住民（担当ケースをを含む）等が、目的とは違う方向に乖離していくことと考えられることから、本調査でのリスクとは、ISO31000に規定されている「目的に対する不確かさの影響」と定義し、この「影響」とは、期待されていることから望ましい方向および、または望ましくない方向に乖離することとしています。

●ヒアリング調査の見方

本文中に「工夫のポイント」を提示しています。

【工夫のポイント例】

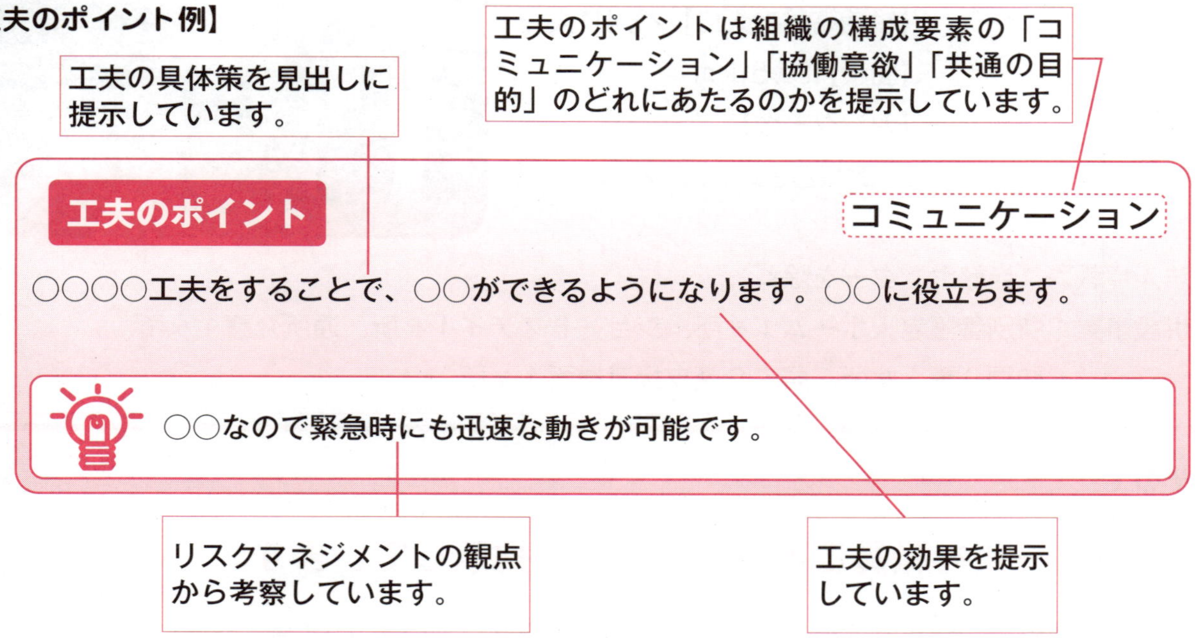

【ヒアリング調査内にあるセンター基本情報について】

データの出典元は以下のとおりです。

・東京都内の区市町村の人口…東京都総務局統計部ＨＰより2015年１月１日時点のもの
・沖縄県内の市村の人口…沖縄県ＨＰより2015年１月１日時点のもの
・東京都・沖縄県内の区市町村の面積…国土地理院ＨＰより2015年10月１日時点のもの
・センター数…各区市町村のＨＰより
・法人情報…各センターのＨＰより

Ⅱ　ヒアリング調査結果

ヒアリング 1　小平市地域包括支援センター小川ホーム（小平市）

特別養護老人ホーム小川ホーム内のデイサービスの食堂で、センター長と社会福祉士の方にお話を伺い、その後、事務所内で当日出勤していた他の職員の方々にもお話を伺いました。

（ヒアリング日：2015年７月31日）

センター基本情報

≪自治体基礎データ≫【人口】182,835人
【高齢者人口】41,406人
【後期高齢者人口】20,411人
【面積】20.51k㎡
【センター数】
地域包括支援センター：５か所

≪法人情報≫（当該センターを除く）
併設事業：特別養護老人ホーム１ヶ所、ショートステイ１ヶ所、通所介護１ヶ所、
訪問介護１ヶ所、居宅介護支援事業所１ヶ所

工夫その１

●スケジュールを職員ごとに色分けして掲示しています。

職員９人全員の色が決まっていてボードに予定を色分けしています。「今、訪問に出ちゃうけど、誰か中にいるかなあ」という調整が、色分けしてあると「今日は誰がいて、誰がいないか」かが一目瞭然です。もちろんセンター長の私も１日の人の流れが見えるので「ここは人がいないから、どうしよう」という調整に活用しています。

工夫のポイント　　コミュニケーション

職員の動きを知る工夫をすることで、１日の職員の流れが見えるようになります。職員のスケジュール調整にも役立ちます。

職員の動きが一目瞭然なので緊急対応にも迅速な動きが可能です。緊急時に動ける人がいないというリスクが回避できます。

工夫その２

●ステップアップのために人事考査を活用しています。

施設全体の専門職の技術を上げるために人事考課を活用しています。その中で半期ずつチャレンジシートをつくっています。職員がこの半期でどんな目標を立てて、何を向上させたいのかを把握し、施設全体の研修委員が、それに合わせて研修を組み立てています。また、新しい職員たちには外部の研修への参加をどんどん促しています。職員たちは自分からステップアップするためにプラスアルファの資格を取得し業務の幅を広げています。

職員は「本当に包括はやりがいがあるよね」という言葉にはしなくても、自分たちの仕事に誇りを持っていると思っています。新しいことが好きで、今回の法律改正で「新しい事業をやる」と決まると、積極的に勉強して取り組んでいます。「忙しくて嫌になっちゃう」と思っているかもしれませんが、それでも今の職員が部署換えを強く希望することはないので、包括で頑張っていこうと思っているからだと信じています。

工夫のポイント 協働意欲

専門性を拡げる工夫をすることで、プラスアルファの資格を取得するようになります。業務の幅が広がっていきます。

利用者を多面的に理解できるようになり、一方向では気付くことができない利用者・家族のリスクをキャッチしやすくなります。

工夫その３

●総合相談はナンバリングして入力しています。

総合相談は、ナンバリングしてパソコンに入力しファイリングして管理しています。誰が休んでも大丈夫なように、日常的な相談だけでなく医療的など別な相談が来ても、誰でもが検索できるようになっています。毎日のミーティングでは９時から40分ぐらいかけて、前日の申し送りをしています。そうすると、ほとんどのケースが聞き覚えのあるケースになり、名前がわからなくてもみんなでケースの共有ができます。

ほかに、月１回の包括ミーティングがあり、そこで行事の分担を決めています。「介護予防教室は誰」「誰が主になって誰と２人でやってね」と全部担当を決めています。大きな行事に関しては、担当だけでなくみんながサポートする形になっています。一緒に考えて「こういう形でやっていこう」「それは私がやるね」というように、自然に役割分担ができています。だからみんながほとんどの行事を熟せます。

工夫のポイント

共通の目的

総合相談業務のケース管理の方法を工夫することで、同じ人から違う相談がきても誰もが検索して対応できます。職員が休んでも前の相談を踏まえた対応ができます。

相談対応を誰もができるので、緊急時の即応性も高くなります。担当者不在でも迅速な対応ができます。

工夫その4

●何でも言い合える雰囲気づくりを大事にしています。

包括だけでなく、法人内の居宅介護支援事業所、訪問介護、通所介護のどの部署も、とても風通しが良い職場だと思います。

なんでも言い合える雰囲気があり、風通しが良いので、燃え尽きずに職員が定着しているのだと思います。それはセンター長が他部署の長も経験し、今は副施設長でもあるため、施設全体を見渡した他部署との連携がとりやすいからかもしれません。

職員が定着しているので、みんなが同じように理解し、良い意味で手がかかるところをわかっているということは大きなことです。一緒に積み重ねてきたので「前回、ああだったよね」「前のときこうだったから、今回こうしようね」ということをみんなが把握しています。

職員が自然に施設の理念と業務、それからマルチタスクを共有しています。包括は色々なことをやらなければならないので、自分の得意分野だけでなく、幅広い力が必要になります。その力がみんなに育っています。長年やっていると、みんなの性格や癖がよくわかります。「きっとこういうことは嫌だろう」ということもわかります。だから嫌なことをしてもらうというより、得意な人が得意なことをやればいいと思っています。

法人としても、包括の職員が地域に出て行くことで、法人の顔になっていけば良いと思っているので、包括の職員を異動させるということは全く考えていません。それで小川ホームの知名度が上がれば良いと思っています。

工夫のポイント

コミュニケーション

職員が燃え尽きない工夫をすることで職員が定着します。職員全員がセンターの理念、マルチタスクを共有しています。

積み重ねた経験値でアイデアを出し合うことで、失敗を繰り返さないリスクマネジメントになっています。

工夫その5

●職員が感情を吐き出せる雰囲気があります。

みんなが訪問から帰ってくると、利用者さんのことを「こうこうこうだったの」と、かなり言い合うので、自然に利用者さんの把握ができます。ケースの数が多いので、名前だけでは忘れてしまいますが、エピソードを聞いていると「あんなふうに言っていた人だな」とすぐに思い出す事ができます。「何とかの人でしょう」ということをみんながわかっていることになります。

感情を吐き出せる雰囲気があるということは大事だと思っています。訪問から帰ってきた温度で話すことで、ケースの共有だけでなく怒りや不安を蓄積させないということもあると思っています。蓄積すると不満になったり、家に帰ってからも「ああ、失敗したかな」と後悔して考え込んでしまうかもしれません。だから、そういう気持ちはなるべくその日のうちに、感情が一番熱い時に吐き出すことが良いと思っています。それがケースのリスク管理にもつながっています。

その時に言っておかないと大事なことに気づかないままになってしまうと思っています。例えば「あそこの家に行ったら疲れちゃった」と思ったその気持ちを抑えてしまうと、「何で疲れちゃうのか」「あそこには何で行きたくないのか」を考える機会がなくなってしまい、感性の中の気づきを考える機会がなくなってしまいます。なるべく感情を吐き出して「あそこの家にいつも行きたくないと思わせるものは何なのか」「あそこの家に行ったらすごく気持ちが安らぐのは何なのか」その理由を考えてみると、感性の中に気づきがあったり、問題意識が表出していたり、緊急性の把握にも役立っています。吐き出されている中から結構ひろっているかもしれないと思うことがあるので、とても大事なことだと思っています。

みんなで仮説を立てて考えてみると、「あの人はこういう人だったのかな」「わがままだからみんなから嫌がられたり、そういうことを感じやすい人なのかな」「疎外されているからだよね」など、色々なことが見えてきます。その人を見るヒントになると思うので、感情を吐き出している時は、「そんな言い方しないで」とは絶対に言いません。

席替えも同じで、「もうこの席嫌だ」と言う人が出ると、その場で「どうする？」ということを考えます。「窓口に近い人が相談を受けている」「何かあってもすぐ立たなくてはいけない」などの不満が出たら、「では変わりましょう」と、すぐに席替えをします。

帰ってきて「ちょっと聞いてよ」という時は、「何とかして下さい」ということではなく感情を吐き出している時で、「センター長」と言う時は何かお願い事がある時です。実際は何か困りごとがあっても、みんな自分で解決する力があるので、「何とかしようよ」と動いています。センター長として職員のことを全面的に信頼しているので、安心して「お願いします」という気持ちです。

工夫のポイント　　コミュニケーション

職員が帰ってきた温度で話ができる工夫をすることで、不安や怒りが蓄積しません。その話しの中に大きな気づきがあります。

訪問から帰って来たときの話から、訪問時に起きた不具合、苦手意識に気付き、ケースの緊急性、職員のストレスなどをキャッチすることで、リスクの把握ができます。

工夫その６

●母体法人の空きスペース、空き時間を活用しています。

サロン活動は施設内の食堂を活用しています。食堂は昼食が終わった後の午後の時間は空いているので、この場所を「地域に開放できたらいいな」というところから始まりました。包括で独自に週１回から始めました。

コーヒーを出したり、先生を呼んだりしていて、月１回はすぐ近くの民間企業のスポーツクラブのジムの方が無料で体操を教えに来てくださっています。

工夫のポイント　協働意欲

サロン活動のやり方を工夫することで地域に開放できます。民間企業を巻き込んだ活動も可能になります。

センターだけでは気付くことのできない地域住民の困りごとを多方面からキャッチできます。違う業態からの声は気付きにくいリスクをキャッチできます。

工夫その７

●民生委員の理解が深まり地域に広まっています。

包括のことは、民生委員さんの理解が深まり地域にかなり広がっています。民生委員さんが都営団地など大きな集団を受け持っているので、そこで広まっていることは大きいかもしれないです。都営団地で何か気になることがあると民生委員さんから相談が来て、その相談からまた包括の存在が広がっていくこともあります。

都営団地の中に障害者住宅があり、この辺りには障害者センターや養護学校も多く、職業開発校もあるので、それらにつながりのある障害者団体にも広まりやすいです。老人会や地域の連絡会に参加したり、認知症サポーター養成講座を開催するなど、地域での活動も周知につながっています。

工夫のポイント　コミュニケーション

センターの周知の仕方を工夫することで、地域にセンターの活動が広まっていきます。地域の活動に出向くことでも広がります。

地域住民の声を複数でキャッチすることで、緊急時の声をもれなくキャッチすることができるようになります。住民との関わりの中で声が上げやすくなります。

工夫その8

●ケアマネジャーとの交流会で困りごとをキャッチしています。

ケアマネジャー支援は、包括が予防プランを委託しているケアマネジャーをお呼びすると、包括エリアのケアマネジャーを大体網羅することができるので、その人たちをお呼びすることで困りごとをキャッチしています。テーマを決めて交流会のような形で行い、そこはケアマネジャーの慰労も兼ねています。

ケアマネジャーがタイムリーにどんなことで困っているか、例えば「介護と医療の連携がやりにくい」という話が出ると、顔の見える関係ができるようにエリア内の病院の医療ソーシャルワーカーを呼んで交流する機会を作ったり、「障害から居宅に移ってくるケースがある」と言われると、障害の担当者をお呼びして、障害の関わり方を知ってもらうようにするなど、今興味のあるものを題材にして交流会を行っています。

その効果は大きいと思っています。包括自体との顔が見える関係づくりにもなっているので、ケアマネジャーから相談がきたり、依頼しやすかったりします。包括は予防プランを委託するだけでなく、介護プランもたくさん相談があるので、お願いするにあたり、こちらがケアマネジャーの顔や、性格、仕事ぶりがわかっていると、マッチングがしやすくなります。「こういう特異な分野はこの人がいいよね」とか、「難しい家族だからこの人にお願いしよう」というように、個別に依頼することもあります。

工夫のポイント　コミュニケーション

ケアマネジャーの困りごとへの支援を工夫することで、信頼関係が深まります。マッチングがしやすくなります。

ケアマネジャーの苦手業務へのサポート、ケース対応時のリスク軽減ができます。マッチングの不具合も回避できます。

工夫その9

●施設全体の部署にお互い様の気持ちがあります。

法人内の職員から「こういう人なんだけど」という相談はよくありますし、包括に誰もいないときに他の部署に「お願いね」と留守を頼んだりできるので、かなり連携が取れていると思います。施設内のすべての部署と、お互いさまの気持ちで連携しています。具合が悪い人がいたら「デイでちょっと見てもらおう」など、その時々での連携もスムーズです。

施設全体で年に1回「屋上でビアガーデン」と称した地域の人を少しお呼びするお祭りや、地域に向けてのバザーがあります。そのときは全職員が協力します。そこに包括が相談ブースを設けて、包括を知ってもらう取り組みをしています。法人の言うことにより包括が動きにくくなるということはありません。

地域に対することを、包括が少しずつできてきているかなという感触がありますから、総合事業を開設することは、少しずつおもしろくなってきたという感じです。もちろん予防プランが減っているわけではなく、業務量が多いことは変わらないのですが、自分たちが地域に関わるという本来の包括業務が少しずつできてきているので、これからもっとおもしろいかなと思っています。

工夫のポイント　　**協働意欲**

施設内の職員との連携を工夫することで、他の部署に頼んで訪問ができます。その時々での連携がスムーズにできます。

緊急対応時のサポートをすぐに受けられるので、ケースに対して迅速な対応が可能になります。

工夫その10

●センターの専門性を高めるために基幹型ができました。

小平市は包括の成り立ちが独特で、基幹型が後からできました。今から3年ぐらい前に小平市社会福祉協議会が基幹型を受けていて、その後に小平市に基幹型が移りました。それから、小平市で職種別の会議が始まり、職種による業務が少しずつ整理され、以前に比べ専門性が変わってきたと思います。

小平市に基幹型ができたのは、今までは市の中の地域支援係が包括を束ねて基幹型のような業務をしていたのですが、包括には専門性が求められる業務が多いので、基幹型をつくったのだと思います。基幹型がなかった時に「包括でまとまっていこう」ということで始まった月1回の話し合いに、今は基幹型も加わっています。

工夫のポイント　　**共通の目的**

センターの専門性を高める工夫をすることで、専門性が変化します。基幹型が既存の会議に出席しています。

基幹型のセンターが加わることで、速やかに地域住民への緊急時への対応策を練ることができます。

ヒアリングのおわりに

●一緒に頑張っていこうという気迫をみんなが持っています。

仕事に対しては8割以上満足しています。なんでも言い合える環境があり、みんなで一緒に頑張っていこうという気迫をみんなが持っています。みんな個人の能力が高いので、それにつられて一緒に頑張ろうという一体感が生まれ、団結力が高くなっています。

みんなが自分のケースのことを言いたくて、「少し静かに」と思う感覚もあります。コミュニケーションは最初からこんな感じだったと思いますが、職員が替わっていないことは大きいと思います。ここで人が替わったとしても、みんなでやるしかないみたいなことは思っています。だから「私はできません」とは言えない雰囲気はあるかもしれません。みんなが助け合うことが基本になっているので、「これは自分の業務じゃないからあなたやって」とか、そういったことにはなりません。

ヒアリング 2　西日暮里地域包括支援センター（荒川区）

2013年10月に新しく開設した地域包括支援センターで、センター長、社会福祉士、プランナーの3名にお話を伺いました。東京都の事業である「みまもりステーション」が併設されていました。

（ヒアリング日：2015年8月10日）

センター基本情報

≪自治体基礎データ≫【人口】192,899人
【高齢者人口】47,362人
【後期高齢者人口】22,683人
【面積】10.16k㎡
【センター数】
地域包括支援センター：8か所

≪法人情報≫（当該センターを除く）
併設事業：西日暮里高齢者みまもりステーション※
その他地域事業：特別養護老人ホーム及びショートステイ6ヶ所、ケアハウス1ヶ所、通所介護9ヶ所、訪問介護2ヶ所、居宅介護支援事業所9ヶ所、認知症対応型共同生活介護1ヶ所、地域包括支援センター5ヶ所、他

工夫その1

●新規相談は必ずセンター長に報告してから担当を決めています。

現在は3名体制で、総合相談を主に、医療職と社会福祉士で分担をしています。

包括は元々相談件数が少なかったため、相談ケースを社会福祉士、医療職、主任ケアマネジャーで相談しながら、このケースだったらこの担当というようにそれぞれの専門性で分けて、プランナーは専属でプランを立てるという形でやってきました。

現在は、新規相談については、これだけ少ない人数なので、誰かが相談を受けたら、必ず1人で動くのではなくて、センター長に「こういう相談があった」ということを報告して、誰が担当するかを決めています。ケースの報告を聞いただけではわからないこともあるので、支援経過表を読むこともあります。支援経過表は経過を入力したものを初回の分だけプリントアウトして、一括でまとめているものです。

窓口当番は午前と午後とできちんと決めて回しています。相談以外の包括業務も、職員体制が厳しく、じっくり考えてやる余裕がないので、始まった事業で必ず出なければならないものに出ています。

週に1回ミーティング機会を設けて、各担当が出た会議の報告や大事なことを口頭で伝えるよう

にしています。研修は報告書を提出しますが、別途口頭で伝えています。新規で受けた相談、継続で対応している困難ケース、担当が不在時に対応した報告のほか、ケースに対する対応は、担当以外でも対応ができるように報告しておきます。ミーティングで共有するようになり、みんなが同じような対応ができるようになったと思います。

ミーティングの間が空くことがあると、その間に動いているケースもあります。そういう時支援経過表に、「こういう相談があったので、今こういうふうに対応しています」という経過が書いてあるので、ケースを任せる時に伝えやすくなっています。

ミーティングの進行を、自分たちで書記と司会を交代して回すようにしたことで、自分たちもそこに参加しているという意識が高まり、「こういうことがあった」というところを共有できるようになり、お互いの見方が変わったような気がしています。

工夫のポイント　　協働意欲

新規ケースへの対応の仕方を工夫して、必ず一人で動くことがないようにしています。口頭の報告だけでなく支援経過表も活用しています。

新規ケースの受け方を決めておくと、担当者だけしか知らないというリスクがなくなります。

工夫その2

●併設機関と一緒にミーティングをしています。

みまもりステーションを併設しているので、その職員と一緒にミーティングをしています。そこで、みまもりステーションがどんな動きをしているか、包括がどんな動きをしているか、今どういうケースが困難なのか、この人にはこういった特別な対応があった、というケースの情報など、お互いの持っている情報を共有しています。一緒にやることで協働につながり業務内容が膨らんできたと思います。みんなミーティングはとても大事なものだという認識でいます。

工夫のポイント　　協働意欲

併設組織との関わりを工夫することで、互いに持っている情報の共有ができます。協働することで業務が膨らみます。

包括と併設機関で互いの動きがわかっていると、両方でリスクに気付くことができます。

工夫その３

●電話相談は併設機関と一緒に対応しています。

包括の３人とみまもりステーションの２人は業務が分かれています。ただ、みまもりステーションの方にはどっちの電話という区別なく電話対応をしてもらっています。電話だけで話を聞いてその場で総合相談だから包括に電話をまわしてもらうというのは難しいので、最後まで聞いてもらっています。

初期対応はもちろんみまもりステーションの方もしていますが、原則は個別相談に入ったら包括という大まかな線引きはあります。

工夫のポイント　協働意欲

併設機関と電話対応の仕方を工夫することで、相談の流れがスムーズです。中では線引きしています。

併設機関と線引きすることで、責任の所在が明確になり漏れがなくなります。

工夫その４

●医療職としてのアドバイスをしています。

みまもりステーションの方との仕事をしやすくするためには、日ごろからお互いに言いやすい関係を保つことが大事だと思っています。例えばみまもりステーションの支援に対して、医療職として言っておいた方が良いと思うこともあるので、関係性ができていないと難しいと思います。

みまもりステーションの方も専門職なので、医療職として話すようにしています。違う側面からの見方を伝えることで、支援の幅が広がればと思っています。電話での話を聞いていても、一緒に行ったときでも、気になることがあると自分の専門性から「ここはどうかな？」「これは聞くかな？」という疑問を投げかけることがあります。うまく伝わっているかどうかはわかりませんが、専門性によって入り口が違うということはあると思っています。

工夫のポイント　コミュニケーション

併設機関との関係づくりを工夫することで、アドバイスがしやすくなります。支援の幅が広がります。

医療的な視点でのアセスメントは、緊急性の把握に重要です。専門的知識が加わることでリスクが回避できます。

工夫その５

●併設機関と一緒に広報誌を発行しています。

周知活動の一環として月に１回広報誌を発行しています。表面は同じ法人の東日暮里包括と交替でつくり、裏面は別々につくっています。町会の掲示板に貼らせてもらったり、地域コミュニティの拠点に置かせてもらったり、医療機関でも置いてくれるところがあります。

徐々に配付先が広がってきていますが、それはやはりみまもりステーションが併設されてからで、現在、包括が全てやるというのは難しいところです。みまもりステーションの力を借りてやっているというのが現状です。

荒川区は包括に「フクロウのほうちゃん」というイメージキャラクターがいます。由来はふくろうが「ホウホウ」と鳴くのと、包括の「ほう」で「ほうちゃん」だったと思います。この「ほうちゃん」は荒川区内の全包括のパンフレットに使われています。

また、包括を知ってもらうために、町会から「健康教室をやってほしい」と言われたときには顔を出してＰＲしたり、定期的に認知症サポーター養成講座の依頼があるので、それは包括が行っています。依頼は町会、高齢者クラブ、スーパーからもありますし、先日は初めて警察署からありました。講座の内容が主なので包括のことが伝わった感じがしないこともあり、知ってもらうことはなかなか難しいと思っています。

工夫のポイント　　協働意欲

併設機関との活動を工夫をすることで、広報誌の配布先が広がっています。一緒にやることでできることもあります。

包括が浸透すると地域住民が声を上げやすくなり、緊急性のある情報がキャッチしやすくなります。

工夫その６

●住民からの相談は距離が近い方が受けています。

みまもりステーションの事業として熱中症の時期に予算がつくので、その一環で扇風機と給水器を購入しました。扇風機は基本的に冷房なし、扇風機なしのお宅に貸し出しています。給水所に毎日水を飲みに来る方もいますし、通りがかりに「こんなところに給水所がある」と言って飲みに入ってくる方もいます。

地域の相談は、みまもりステーションのケースとして経過している方も多くあり、民生委員からの相談がみまもりステーション経由で包括に入ることもあります。民生委員にはこの相談はみまもりステーション、これは包括という区別はついていないと思います。距離が近い方が受け付けています。

工夫のポイント　協働意欲

併設機関と相談対応の仕方を工夫することで、住民はどちらにも相談できます。一緒に住民とつながっていることになります。

併設機関とダブルで住民の声をキャッチすることで、幅広くリスクを受け止めることができます。

工夫その７

●地域との連携をモデル地区ではじめました。

毎年地域の方と地域連携推進会議を行ってきて、町会の方や民生委員に来ていただいていたのですが、包括を知ってもらえていない感触があったので西日暮里といっても町会ごとに抱えている問題が違うので、今年度からモデル地区として、町会ごとに包括と連携強化ができるように、一つの町会の役員会に毎回参加することをはじめました。

この地域は、精神的に自立していて「お世話になりたくない」という方も多く、一方で介護保険を使っている方の中には自立支援の理解が難しい方もいます。特に介護予防の視点から早めに教室に参加した方が良いと思ってお誘いしても、反応が良くないというのは西日暮里の特徴だと思っています。

工夫のポイント　コミュニケーション

地域との連携のための工夫は、町会ごとの課題を知ることです。地域ごとの特徴が見えるようになります。

地域住民の特徴を理解して関わると、地域住民のリスクをキャッチしやすくなります。

工夫その８

●管理者が集まる管理者部会があります。

包括同士の関わりの一つとして、管理者が集まる管理者部会があります。私は他区から４月に来て管理者同士がとても仲がいいことに驚きました。経験があっても、他の区から来るとわからないことがたくさんありますが、惜しみなく教えてくれます。

先日は運営協議会があり、初めてでとても不安だったのですが、今年度力を入れるところを他の包括の管理者たちが先にきちんと発表し、最後だったので気持ちが楽になりました。本当に助けてもらっているので、それはいいところだと思っています。

現在管理者部会では、保険の問題、区とどうやったらうまくいくか、どうアプローチしたらいいかを話しています。管理者の方々がざっくばらんに話しているので、それがとても勉強になっています。
別に定例会、職種ごとの部会など各部会があり、そこには行政の方が出席しています。全員が出席している会議を出してみると、会議は多いかもしれません。部会の中の社会福祉士部会には社協の方が毎月参加し、その場で社協と包括が共催できるような研修を一緒に考えたり、社協主催の研修に手伝いが必要な時は、その場で打ち合わせをすることもあります。

工夫のポイント　コミュニケーション

包括の管理者たちがつながる工夫をすることで、管理業務の理解が深まっていきます。部会が経験の浅い管理者をサポートしています。

管理者の燃え尽き症候群を防止することは、大事なリスクマネジメントです。

工夫その9

●法人内の研修で他部署の職員と話をします。

母体法人内で合同の研修があります。研修のグループワークでケアマネジャーや施設の職員と話す機会があり、いろいろな側面からの考え方を知ることができます。
法人でお祭りをやる時に「ちょっと1～2名来てくれると助かる」と言われて手伝いに行くことがあります。東日暮里包括とは同じ法人なので、東に教えていただくことは多くあります。法人の事情などいろいろな知恵を拝借しています。

工夫のポイント　コミュニケーション

母体法人との関わり方を工夫することで、法人を様々な側面から捉えることができます。法人内でのセンターの位置付けがわかります。

法人の方針を理解しておくことで、つながりの糸口をつかむことができます。

工夫その10

●サービス担当者会議には必ず出席しています。

ケアマネジャーからの問題ケースや困難ケースの相談はあまりありません。居宅介護支援事業所の中にも主任ケアマネジャーがたくさんいて、今も増えているので、その中で解決できているのだと思います。
ケアマネジャーとの関わりは、サービス担当者会議に包括が出席することが基本だと思っているので、そこで話を聞き、これは伝えた方がいいと思うことを話しています。荒川区はケアマネジャーから「サービス担当者会議に出席して下さい」という連絡がきちんときます。

工夫のポイント　　コミュニケーション

ケアマネジャーとの関わり方を工夫することで、ケアマネジャーのやり方がわかります。地域の居宅介護支援事業所の特徴が見えます。

居宅支援事業所の得手不得手を理解しておくことで、マッチングの不具合が回避できます。ケース対応のリスクも回避できます。

工夫その11

●月１回情報共有の機会を持っています。

荒川区は、日暮里の東西を地区担当とするケースワーカー１人と保健師１人がいます。区の高齢福祉課の保健師で、月１回情報共有する機会があります。そこで継続ケースのすり合わせや、困難ケースと虐待ケースの一覧をもとに、進捗状況を確認し共有しています。

工夫のポイント　　コミュニケーション

行政の地区担当者との関係づくりを工夫することで、ケースの進捗状況の確認、共有ができます。行政のバックアップが担保されます。

行政に報告しておくことで、緊急時に情報提供の時間短縮になり、迅速な対応が可能になります。

ヒアリングのおわりに

●これからみんなで一緒にやっていこうと思っています。

満足度は50％くらいです。職員体制のことがありますし、単独の包括なので何でも独自にやらなければならないということがあります。

相談を受けるところは開かれていないといけないと思っていますが、単独の包括であるため、限られたスペースで新たな設備を設けるということは難しく、他の設備の活用もできないので不便なことはあります。

包括のエリアは自転車で10分圏内ですが、アップダウンが激しい坂が多く、自転車を押さないと上れないところも多いのでそれは大変です。

これからいろいろ変わっていくための今は模索中というところです。これからみんなで一緒に考えながらやっていける包括だと思っています。

※高齢者みまもりステーションとは

高齢者みまもりステーションとは、荒川区から委託を受けて、社会福祉士等の資格を持った相談員が、地域の高齢者に関する相談を受け付ける身近な相談窓口です。相談員は、電話相談や、訪問して相談に応じる他、介護や福祉に関するサービスの情報提供等を行います。

また、緊急通報システムを活用し、システムの発報情報があった際は、必要に応じて対象者の状況を確認します。

荒川区と地域で高齢者の見守りを行う「高齢者みまもりネットワーク事業」を展開しています。みまもりステーションは、このネットワークの中心的な役割を果たすため、次の業務を行います。

・高齢者みまもりステーションの相談員が戸別訪問して、声掛けや見守り活動を直接行います。
・地域の方々による見守り活動について、支援や助言を行います。
・地域における見守り活動を全体的にコーディネートします。

＜引用：荒川区ＨＰ＞

ヒアリング 3　落合第一高齢者総合相談センター（新宿区）

男性７名、女性２名という９名体制のセンターでした。センター長と総合相談班の３名、介護予防班の２名にお話を伺いました。（新宿区内のセンター全体が「総合相談班」と「介護予防班」の２つに分ける体制をとっていました。）

（ヒアリング日：2015年９月10日）

センター基本情報

≪自治体基礎データ≫【人口】291,696人

【高齢者人口】64,639人

【後期高齢者人口】31,569人

【面積】18.22k㎡

【センター数】

地域包括支援センター：10か所

≪法人情報≫（当該センターを除く）

併設事業：特別養護老人ホーム１ヶ所、ショートステイ１ヶ所、養護老人ホーム１ヶ所、通所介護１ヶ所、訪問介護１ヶ所、居宅介護支援事業所１ヶ所

工夫その１

●センター内外の引き継ぎは必ず同行訪問しています。

４月に特別養護老人ホームから包括に異動となり、各相談員からケースの引き継ぎを受けましたが、訪問前の情報提供、訪問の時のやりとりなど丁寧に引き継ぎをしてもらいました。引き継いだ後も相談にのってもらっているので安心です。机が隣同士なので、話しかけやすく、聞きやすい状況です。

所長は温かく見守り、フォローはしっかりしてくれます。引き継いだケースでも、トラブルがあった時に相談するといろいろアドバイスをくれたり、質問をすると、懇切丁寧に教えてもらえます。同じ法人の特別養護老人ホームから異動してきたのですが、勉強しなければと思うことが多く、施設と在宅の違いを感じています。

８年前一相談員として初めて包括に来たときには所長の背中を見て仕事を覚えました。今は新人が入ったときに計画的に指導することになっていますが、当時は手探りでどうすればいいんだろうという感じでした。そこで、所長がやっているやり方を同じようにまねをすれば何とかなるという気持ちになりました。その時、所長がケアマネジャーに仕事を依頼するとき、どんなケースでも必ず同行訪問するというスタイルを崩さずにやっていました。今はそれをそのまま真似てやっています。脈々と受け継がれているスタイルです。

5年前に入職し、総合相談班で持っていたプランを予防プランナーが引き継ぐことになった時も、内部の引き継ぎでもとても丁寧で、必ず同行訪問するというスタイルをとっていました。本当に丁寧だったなと思います。外部のケアマネジャーから、通称「落一」と呼ばれているのですが、「落一さんから来るケースは最初の情報をお持ちいただけるので助かります」という声を聞きます。「最近ケースの引き継ぎが雑になってきたよね」と言われないようにしていきたいと思っています。教えてもらった丁寧な引き継ぎのやり方を伝えていきたいという思いはみんな共通して持っていると思います。

工夫のポイント　コミュニケーション

ケースの引き継ぎ方を工夫することで得られる安心感を伝えていこうと、同じ引き継ぎ方が受け継がれています。内部にも外部にもその評判が浸透しています。

同行訪問はケースのリスク、担当者のリスクに気付く機会にすることができます。すぐにその対応策を練ることができます。

工夫その2

●職員同士の何気ない会話を大事にしています。

業務が本来筋ですが、コミュニケーションをとることも大事だと思っています。対面に総合相談班が座り、対面に介護予防班が座る配置になっているので、話しやすい環境になっていると思います。

一番には、日常会話の中でケースの話が出るようなコミュニケーションのとり方を意識しています。かしこまって「相談なんですけど」というより、日常会話の中で「あの人がこういうことでね」と話ができるような環境をつくることを意識しています。その中で、「あの人どうなの？」と簡単に振ってみたり、電話で込み入った話しが聞こえてくると「何かあったの？」と声をかけたり、ものすごく暗い顔で帰ってきたら「何かあったね」と声をかけたり、少しでも職員の不安や負担感を軽減できるように意識してやっています。時々全然業務と関係ない話に脱線することはありますが、そういうおしゃべりの延長線上に仕事の会話があるので、それもコミュニケーションの一環だと思っています。

うちのセンターのいいところは、職員を孤立化させないところだと思います。バックアップ体制があり、コミュニケーションがとれていて、風通しがいいところだと思います。それは介護予防班の3人のリーダーが明確になっていたので、常にその3人で相談しながら、総合相談も協力し合う体制がとれていたので、その流れが今の礎にあると思っています。窓口対応でも、主に総合相談班が受けているのですが、訪問に出ていたり、来客があったりするときは介護予防班が受けています。お互いに協力しながらやっています。

わからないときは分け隔てなく相談しています。身近にいる先輩に聞いているので、あまり3職種だからということは意識していません。「○○さん、どう？」と話しかけてもらうと、「実は…」

「こういう電話で…」と言いやすくなります。電話を切った後の「何かあったの？」という声かけから派生して周りが動くというところもあるので、よく言えば面倒見がよい、悪く言えばちょっとおせっかいなところがあります。それも孤立化しないためのことです。

工夫のポイント　　コミュニケーション

コミュニケーションのとり方を工夫することで、難しいことも厳しい事も話し合えるようになります。職員が孤立しなくなります。

職員のサインに気付き放置しないことで、ケースの緊急性の把握、職員のストレスがキャッチできます。

工夫その3

●大事な会議は議事録を作成し全員に回覧、そのチェックもしています。

法人の一番の意思決定会議は経営会議というもので、包括の代表として所長が出席しています。その内容は迅速に伝達しないといけないので、その日のうちに議事録をつくり、翌日には回覧しています。新宿区には管理者会というものがあり、各包括の管理者が出ている会議です。これも区の重要な伝達事項があるので、全部書面で議事録をまとめて文書で回覧しています。経営会議と管理者会に関しては、目を通したらサインか印鑑を押して見ていないということがないようにしています。

工夫のポイント　　コミュニケーション

大事な会議の内容を周知する工夫をすることで、全員にもれなく伝達ができます。「聞いていない」「知らない」がなくなります。

大事なことを全職員に確実に伝えることは、センター業務への取り組みのブレを防ぐことができます。

工夫その4

●業務量の限界を知ることで日常業務の計画を立てて動けます。

窓口は勤務表を見てその日の当番を決めています。基本は窓口当番が１日事務所にいる形です。来所相談は一番は窓口当番が対応し、もし手が足りなければほかの職員が対応します。基本は総合相談班の中で対応し、足りないときは所長が出て、それでも足りないときは介護予防班が対応します。

勤務シフトは基本的には前月にまず休みの希望をとり、それを見ながら所長が全部勤務表をつくります。ヒアリングのある日は全員出勤の日にしました。今年度はリフレッシュ休暇があるので完全消化を目指しています。そのためにも業務量を把握することが大事だと思います。

プランナーから見て、予防プランの数が70件と50件の差はすごくあります。70件の時は何かアクシデントが起きると身動きがとれない状態で、50件になったらアクシデントが起きたときに対応できるようになりました。日常的な業務も、50件だと比較的計画を立てて動けるという感覚があります。新規のケースや退院ケースが重なったりしなければ、比較的定時に近い時間に帰ることができますが、60件を超えたあたりからそれが難しくなります。利用者さんに対して自分が目を向けられる範囲の限界値は50件ぐらいが妥当だと思っています。件数が増えると事務作業も増えるので、書類整備が追いつかなくなります。各利用者の月１回のモニタリング表のファイリング作業自体も50件と70件では大きく違います。

今年から予防プランを居宅介護支援事業所に委託するようになったのですが、昨年までは基本的に委託はなかったので、全ての予防プランを直接担当していました。

事務員は、来客の受付などの窓口対応から、予防プランの月の給付関係、書類のファイリングや備品の管理などを行っています。月１回の提供表のファックスなどもお願いしています。法人の受付カウンターと一緒になっているので、包括の事務員が法人の受付担当になっているところもあり、来客の方や入居者の対応をしていることがあります。

工夫のポイント　　**協働意欲**

業務量の限界を知る工夫をすることで、計画をたてて動くことができます。業務の質の担保ができます。

適正な業務量を把握し職員のオーバーワークに気付くことが、バーンアウト防止につながっています。

工夫その５

●強制することなく、スキルアップを促しています。

スキルアップについては、この資格をとって下さいという形ではなく、主任ケアマネジャーの時は「書類が来たよ、誰か受ける」「誰だったら対象になっているのかな」のような感じで、今年は声をかけられましたが、今まで法人自体から資格を必ずとりなさいと指導を受けたことはないです。自分たちから受けられれば受けようかというような形です。

工夫のポイント　　コミュニケーション

スキルアップするための工夫として、対象者には声かけをするだけです。資格取得の希望を自分から言えるようになります。

職員に過度なプレッシャーを与えないようにすることで、ストレスの軽減になっています。

工夫その６

●母体法人のロビーを使ってサロン活動をしています。

事業の分担は新宿区から、主任ケアマネジャーはこれ、社会福祉士はこれ、保健師等は医療連携のこれと決められています。保健師等は毎月医療連携担当者が区に集まり、例えば医師会とケアマネジャーとの連携の場をつくるとか、医療ソーシャルワーカーとケアマネジャーの交流会を設定するとか、医療連携を強化する役割を担っています。主任ケアマネジャーはケアプラン評価会を各ブロックでやったり、主任ケアマネジャー連絡会を開催したり、地域ケア会議も中核となってやっています。

2008年当時、包括が総合相談をやっていた頃と違ってきて、今までやっていなかった業務が増え負担感をかなり感じています。総合相談班の主担当が企画、連絡調整を行い、講座をやったり、人手が必要なときは介護予防班にも声をかけて、協力してもらっています。

サロン活動として「ぬくもりサロン」をやっています。もともとは社会福祉協議会の地域の見守り協力員というボランティアさんが定期的に見守りに行くと、お年寄りがいつも家にいるので、何とか外に出てもらいたいとサロンをつくったのが始まりです。うちの包括が立ち上げ支援をやっていたのですが、丸３年たち、今は社協の有志の方々でほぼ自主運営しています。母体法人のロビーを使い、包括は15分くらいのミニミニ講座を担当しています。

工夫のポイント　　協働意欲

母体法人の活用方法を工夫することで、サロン活動が可能になります。母体法人、包括、地域の三位一体の取り組みができます。

サロン活動は見えにくい引きこもりのお年寄りをキャッチする機会になります。地域で気づかうきっかけにすることができます。

工夫その7

●母体法人の部会には全部署の代表が出席しています。

当法人では、居宅介護支援事業所、包括、特別養護老人ホーム、養護老人ホーム、通所介護の各部署の代表が集まり1つの部会をつくっています。その利点として、法人内のサービスを全体として見たときの連携が図りやすくなっています。ショートステイを利用したい、デイサービスを利用したいなどの相談が来たときには、同僚がそこにいるので連携がスムーズで、法人内のサービス調整のしやすさは特有だとは思います。

他部署の相談員からは「何かあれば包括に」と言われていて、本来は各部署の相談員が窓口になるべきこともこの包括に相談がきます。他部署にかかってきた電話相談も包括に回ってくることがあるので、同じ屋根の下にいる他部署の人には活用されているかもしれません。

法人の中に包括が入っていることは地域の方に定着しているので、同法人の病院に受診された後、相談に来る方もいます。わかりやすい場所にあるということはメリットだと思います。

所長には母体法人関係の仕事も多くあります。法人の業務をいろいろと請け負ったり、必ず法人のどこかの委員会に関わるなど、同じ屋根の下で働いているので法人全体に関心を向けていたいと思っています。

法人に包括の業務を知ってもらうために、タイミングを見てなるべく包括の役目を理解してもらうようにしています。在宅介護支援センターを立ち上げた時から何をやるところかをわかってもらうことは難しかったです。我々も他部署の内情を把握しているわけではないので、お互い様というところはあるのかもしれません。

工夫のポイント　　コミュニケーション

母体法人に包括を周知する工夫をすることで、母体法人の各部署に包括が活用されます。連携が図りやすくなります。

母体法人全体で地域住民の情報を受け止めることで、住民の困りごとがキャッチしやすくなり、住民からの「対応してもらえなかった」がなくなります。

工夫その8

●限られた数のパソコンを活用しています。

パソコンは新宿区とつながっている端末ですが、プランナー全員が使っていると、来所者の情報を見たいときは、手をとめてもらうことになるので中断せざるを得ません。情報をすぐに取り出せるように相談員の手元に1台端末があれば、よりスピーディーに展開できるのは間違いないと思います。

新宿区の端末パソコンは4台で、ケアマネジメントシステムもその4台につながっているので、予防プランナー4人が使っています。総合相談班の3人が使いたい時は、空いている時間を使ったり、出勤日を調整しています。もっと職員人数が多いセンターでは、プランナー１人に１台の割り当てがないセンターもあります。ケアプランを作成するために、介護予防班を優先に割り当てています。

工夫のポイント **協働意欲**

限られた数のパソコンの使い方を工夫することで、予防プランを優先して使うことができます。予防業務が滞らずできています。

センター業務の中で優先順位をつけて包括業務遂行することが、業務の遅延のリスク回避になっています。

ヒアリングのおわりに

●包括業務のやりやすさがあります。

満足度は、包括というよりは、正直どちらかといえば母体法人に対するものはありますが、自分がまだ本当に100点という点数をつけられるほど成長していないので、まだその点数までには至っていないということと、みんなに最高に満足してもらえる職場まではできていないということで、そこを差し引いて90点というところです。

この法人に入ってきたのが５年前で外から来た立場なので、今の包括も含め、いろいろほかの職場を見てきたので「あれ、ここ、どうなっているのかな」と目につくところは正直あります。そういったことも総合して、包括の業務のやりやすさということにおいてはみんなが言うとおり90点以上で、全てを勘案して総合すると80点です。

ヒアリング 4　国分寺地域包括支援センターもとまち（国分寺市）

センター長と社会福祉士２名、プランナー１名の計４名にお話を伺いました。インタビューの回答は事前にミーティングで話し合って下さっていました。

（ヒアリング日：2015年10月23日）

センター基本情報

≪自治体基礎データ≫　【人口】120,333人
（2016年４月現在）　【高齢者人口】26,098人
【後期高齢者人口】13,226人
【面積】11.46k㎡
【センター数】
地域包括支援センター：７か所

≪法人情報≫（当該センターを除く）
併設事業：居宅介護支援事業所１ヶ所、通所介護事業所１ヶ所
その他地域事業：特別養護老人ホーム３ヶ所、ショートステイ２ヶ所、
軽費老人ホーム１ヶ所、ケアハウス1ヶ所、通所介護事業所５ヶ所、
訪問介護事業所２ヶ所、居宅介護支援事業所５ヶ所、
グループホーム３ヶ所、小規模多機能型居宅介護１ヶ所、
サービス付高齢者向け住宅２ヶ所

工夫その１

●職員のジョブローテーションが重視されています。

当センターの良さは、新しいことにチャレンジしていく姿勢と、職員の育成に力を入れているところだと思います。法人内においては新卒職員のチューター制度などを導入し育成的な環境をつくっています。また、ジョブローテーションによって、状況にもよりますが数年単位で様々な部署を経験していきます。故にどの部署においても新しい職員を受け入れる職場環境が整っているといえます。当法人では、介護の現場を経験したうえで、居宅介護支援事業所や地域包括支援センターなどで相談業務に携わっていく場合が多く、介護の現場を経験してきた事がその後の業務に役立っていると言えます。

当然の事かもしれませんが、様々な業務を経験することで、複合的な課題のあるケースなどに対し、積極的に取り組んでいこうという意識を持った職員が多いと思います。

工夫のポイント　共通の目的

職員の育成の方法を工夫することで、みんなが同じ体験を共有できます。現場の職員同士がわかり合えます。

新しい職員を受け入れる職場環境が、異動のストレスを回避しています。

工夫その2

●負担感をセンター全体で受けることでストレスを軽減しています。

管理者に限らず、スタッフ全員が各々の役割の中でのリーダーシップを大切にしています。また、上部組織のリーダーシップが職場環境に与える影響も大きいと思われます。常日頃より、国分寺市、法人からも明確なビジョンが提示されているので、安心して業務に集中できます。

ここでは管理者が一番在籍の長い職員なので、メンバーの精神的なストレスの軽減を意識し、業務の質と効率を高める事に取り組んでいます。ひとりで責任を持つということは、一見責任の所在が明確であり状況によっては効果的と思われますが、相当なプレッシャーがかかります。基本的には地域でのトラブルや総合相談での難しい調整など、まずはセンター全体で受ける意識を共有し、個々のメンバーに過大な負担がかからないようにしています。単純に職種などで業務分担をしたり、役割を押し付けたりせず、状況によっては複数の担当者で負担を共有し合うことで前向きに取り組めるようになるかもしれません。

工夫のポイント　協働意欲

精神的なストレスを軽減するための工夫をすることで、前向きに業務遂行ができます。その結果、業務のパフォーマンスが上がります。

一人で責任を受け止めずセンター全体で受けとめると、職員のストレスが軽減できます。

工夫その3

●業務過多や負担感のある業務を可視化できるフォーマットがあります。

包括業務の振り分けは状況によっては職種で決めずに、自分たちの今の業務状況、負担感で決めています。「プランナーだから虐待ケースはできません」「社会福祉士じゃないから権利擁護はわかりません」とはならないようにしています。配置上は予防プランナーでも、地域包括支援センターの相談員という位置づけで、全員が総合相談に対応しています。

職員たちの業務過多や苦手業務を可視化するために、専用のフォーマットを作っています。このシートは２～３年前にスタッフの一人が提案しました。ケースを並べて個人の感覚で「この人は大変だ」「あの人は難しい」というのは個人差があり客観視できません。そこで、おのおのの感覚を互いに確かめ合い「負担だ」「大変だ」という感覚を可視化できるような方法があれば良いのにということがきっかけでした。

このフォーマットは、直近１～２週間の「総合相談」と「予防プラン」、「二次予防」、「イベント・会議・内部業務等」の４項目に分け、それぞれがどれだけ負担な状況なのかを星の数（ミシュラン方式の三ツ星表記）で可視化できるようになっています。実際にどんな負担感があるかは見えないので、星の数は自分の感覚で書いてもらっています。その星の数をミーティングで報告してもらいます。業務量ではなく、感覚的な負担を共有することで、バーンアウトの予防に繋がっています。

報告は、初めは何を言えばいいかわからなくても、数を重ねるうちに次第に話せるようになり、自分自身の負担感が客観的に見られるようになるという良さがあります。厳密にはできませんが、このフォーマットが負担感をはかる目安になっています。

当センターの強みとして「得意なことをのばす」取り組みをしています。例えば、「地域の認知症の学習会で話をする」場合、特に依頼が無ければ講師を看護師に限定せず、得意な職員が対応するようにしています。むしろ、看護師が請求業務を得意としていればそれをやればいいと思っています。

最初は意図してなかったものですが、ミシュラン方式のフォーマットによってみんなが互いに得意なところに気づき、足りないところを補完し合うためのツールになってきています。「今はこういう状況だからここはほかの職員で補っていこう」といったように業務分担が自然にできるようになってきました。

工夫のポイント　　**協働意欲**

業務の負担感を可視化する工夫をすることで、自分の負担感を客観的に見ることができます。業務分担が自然にできるようになります。

負担感が可視化できると、合意の上で業務分担ができます。不公平感がなくなります。

工夫その４

●業務別にミーティングを分けて行っています。

当センターの特長として、様々なミーティングを実施しています。ミーティングは、毎朝の15～30分の朝ミーティングと火曜日に３つのミーティングがあります。

朝ミーティングでは、毎日、新規ケースの担当振り分けや緊急対応ケース検討、情報共有事項の確認を行っています。

火曜日のミーティングは、毎週30分～１時間の「共有ミーティング」でケース検討と担当者決めを行っています。新規ケースを振り分けるときにミシュラン方式のフォーマットを使うと公平に振り分けられます。負担感を表す星の数を一人１～２分程度で報告しあうことで、短時間にわかりやすく伝える力が鍛えられます。第１、第３火曜日は併設する居宅介護支援事業所と一緒に「合同ミーティング」を開き、個々の業務報告や、チーム全体のスキルアップのためにケースの振り返りを行っています。第２、第４火曜日の「包括ミーティング」では、各職種からの業務報告と、包括業務全般の課題共有・検討を行っています。

ミーティングの数が多いことは一見不合理なイメージがありますが、自分の仕事と相手の仕事を確認する良い機会になります。取り越し苦労の思考スパイラルに入り動き出せなかったり、自分の価値観や判断だけで突き進んでしまうことのないように、全体の業務を円滑に進めていくタイミングを考える機会だと思っています。

工夫のポイント　　コミュニケーション

ミーティングの方法を工夫することで、自分と相手の仕事の確認ができます。センター全体の業務を円滑に進めるタイミングがわかります。

ミーティングを重ねることで、リスクをキャッチする機会が多くなります。対応策をその場で検討することもでき即応性が高くなります。

工夫その５

●ケースを振り分ける際に負担感をプレゼンテーションしています。

週１回の「共有ミーティング」での新規ケース振り分けでは、５件、６件と新規相談が重なる場合があり、職員１人で２件程度担当することもあります。そこでミシュラン方式のフォーマットを使うと職員の合意形成がスムーズにできます。みんなで星の数を言い合うと、管理者が指名をして担当を決めるのではなく、「ここは私が対応します」と自主的に担当を申し出るようになります。もちろん、専門性や相性などを考慮しながら決めますが、職員の合意の上で業務分担ができるので、ストレスの回避に繋がります。

新規電話相談では、「担当を決めてからお電話します」とお返ししています。当然、電話に出たものが必要に応じてすぐに訪問をすることはあります。しかしながら、電話に出たものが今空いているからと次々と訪問してしまうと負担になっていきますし、忙しい時にも受け持たなければならないと気構えてしまいます。そこで、一拍置いて、客観視をするためにフォーマットを使いミーティングを行います。客観視した上で担当を決め、対応ができれば電話対応の個々の負担感は減ります。

工夫のポイント　　**協働意欲**

業務の負担感の示し方を工夫することで、振り分ける際の根拠ができます。職員の合意形成がスムーズにできます。

職員の合意の上で業務分担ができると、職員の負担感が軽減できます。ゆとりを持った対応ができます。

工夫その６

●行政に対してそれぞれの包括が取り組んでいることを見せていくことも大切です。

国分寺市では包括担当部署である高齢者相談室が業務を円滑に遂行していくため、体制作りに非常に力を入れています。例えば、地域ケア会議を補完する小地域ケア会議などを東西３包括に分かれて実施したり、作業部会を立ち上げて社会福祉協議会や地域の主任ケアマネジャーと一緒に企画を進めたりする体制があります。委託先センターとしては国分寺市の意向を取り入れながら、自分たちのエリアの体制作りをしています。

国分寺市は行政として委託先センターのサポートを丁寧にしてくれていると思います。総合相談等について高齢者相談室の支援担当職員が日頃から気にかけてくださるので、安心して包括業務に集中できます。

だからこそ、「我々もこれだけのことに取り組んでいます。」というところをしっかり見せていかないと信頼関係が構築できないと思っています。

工夫のポイント　　**共通の目的**

行政との関係づくりの工夫で、信頼関係の構築ができます。互いの関係性から相乗効果が生まれます。

行政との信頼関係があると、緊急時もあうんの呼吸で対応できます。迅速な対応策の検討も期待できます。

工夫その７

●地域との関わりは行政と連携しながら進めています。

当センターは公平にバランス良く地域の方々や諸団体と関わろうという意識で動いています。

アクセスの面で、センターのある場所の周辺の方々や老人クラブ、民生委員さんとの関わりが深まりがちな傾向があります。当センターでは担当している３町域それぞれの地域に出向いての出張健康相談を実施しています。

また、年３回の小地域ケア会議には担当エリアの全老人クラブの代表者の方々にご出席いただいていますが、コーディネートについては国分寺市の高齢者相談室が協力してくださるので、円滑に調整が出来ます。

工夫のポイント　　コミュニケーション

地域の団体へのアプローチの仕方を工夫することで、つながりがスムーズにできます。行政がしっかりコーディネートしてくれます。

地域団体と関わりがあると、緊急性のある住民の情報がキャッチしやすくなります。

工夫その8

●業務ごとにプロジェクトを置いて取り組んでいます。

当センターの特長的な取り組みとして、複数の職員でチームを組むプロジェクト制をとっています。「地域プロジェクト」「総合相談プロジェクト」「委託予防プランプロジェクト」「熱中症プロジェクト」といった包括の業務に関するチームがあります。最近では災害時の事業継続計画に関する「ＢＣＰプロジェクト」といったものなど地域課題に取り組むチームを作ろうとしています。

プロジェクトにすると、負担感を全体で補えるので精神的にリラックスして取り組むことができます。

例えば「地域プロジェクト」では、地域に対してどのようにアプローチをしていくかを、担当を決めて考えていきます。その結果、出張健康相談については、１年間を３か月ごとの４クールに分けて企画（例 栄養講座）を立て、担当している東元町、西元町、南町という３つの町域に同様の企画を提供する事ができました。

「総合相談プロジェクト」は、夏場の熱中症予防の声かけプロジェクトとして、総合相談で見守れずに埋もれている方の所に熱中症予防の一環として訪問することにより、総合相談機能を同時に果たしています。

工夫のポイント　　協働意欲

職員個人の責任にならない工夫をすることで、精神的にリラックスして業務に取り組むことができます。プロジェクトが総合相談機能も果たしています。

職員個人の負担を軽減すると、バーンアウト防止につながります。

工夫その９

●チームで月交替に分けている業務があります。

当センターのある建物の中には、地域包括支援センター、居宅介護支援事業所、通所介護の３事業所が集まっています。職員が25名程いますが、専属の事務職員がいないため、全体でマネジメント方法を考え回覧物の整理、伝票発注、掃除などを月交代で行っています。全スタッフでの交代制で均等かつ公平にやれるようになっています。

細々とした間接業務をすすめていく事については得意、不得意があるので抵抗を感じる職員もいるかもしれません。しかしながら、取り組むことで慣れてくると、決まった職員に一定の間接業務が集中しない事や、職場がどのように維持されているのか理解できるなど、本当の意味がわかってきます。

工夫のポイント　協働意欲

業務のマネジメントを工夫することで、均等かつ公平に業務ができます。間接業務の本当の意味がわかってきます。

どんな業務も全スタッフで取り組むことで、業務の理解が深まります。業務のやらされ感がなくなります。

工夫その10

●ケアマネジャーとの関係作りを大切にしています。

ケアマネジャーへの介護予防プランの委託率は、３～４年ぐらい前は30％ぐらいでしたが、現在は80％まで上がっています。地域のケアマネジャーさんが各々大切にされている視点、専門領域、実績などを、我々地域包括支援センターの職員が理解していこうと努めていく事が重要と感じています。総合相談などでの利用者とケアマネジャーとの橋渡しの場面はもとより、予防プランでのカンファレンスでの場面など居宅ケアマネジャーの経験がない地域包括支援センターの職員は特に学ぶことがあります。故に支援というよりも「協働」という姿勢での関わりを大切にしています。今後も信頼関係の構築は不可欠であると言えます。

工夫のポイント　協働意欲

ケアマネジャーとの関係作りを重視する事で、委託率が上がっています。ケアマネジャーとの連携も良くなります。

ケアマネジャーの専門領域などの強みを把握していると、ケースのマッチングが上手くいきます。互いの強みを活かせる関係や環境ができます。

ヒアリングのおわりに

●包括の立ち位置が強みに見えてきました。

当初は委託型地域包括支援センターの職員として、責任や役割の範囲などが不明確で最初はやりづらさもありました。それが今では、行政の枠組みからも、自分たちの帰属している法人からも、一歩離れた客観的な立場でかつ地域住民からの期待や要望も多岐にわたってきたこともあり、柔軟な対応や、あるいはどの組織にも入っていきやすいといった強みがあるということがわかってきました。センター長として、地域包括支援センターの職員としてまだ80％ぐらいの満足度だと思っています。

当法人は、ジョブローテーションとしての人事異動や業務を兼務することが多くあります。地域包括支援センター以外の事業に関わっていますので、自分自身をどうケアしていくかが大事になります。それがあらゆる仕事のモチベーションにもつながってきます。私の使命として、スタッフと向き合っていくことを残り20％の課題としたいと思います。

ヒアリング 5　南部西ふじみ地域包括支援センター（立川市）

視察の対応は新人の役割とのことで４月に入職した社会福祉士を中心に、センター長も交えてお話を伺いました。新人の方からは「自分たちも勉強しなければお話できないので、だんだんわかりやすくなってきていると思います。」というお話がありました。

（ヒアリング日：2015年10月23日）

センター基本情報

≪自治体基礎データ≫【人口】175,792人
【高齢者人口】40,906人
【後期高齢者人口】18,662人
【面積】24.36k㎡
【センター数】
地域包括支援センター：６か所
在宅介護支援センター：３か所

≪法人情報≫（当該センターを除く）
併設事業：社会福祉協議会

工夫その１

●距離を近づけるために机の配置で２つの島をつくりました。

職員が増員された際に、机の配置で２つの島をつくりました。主任ケアマネが中心の島と、主任ケアマネと看護師が中心の島の２つで、それぞれの島に経験年数の長い者と新人の者が一緒になるようにメンバーも工夫しています。もう一人医療職がいると良いと思っています。

２つの島に分けたことで、困ったときに顔を上げるとすぐに相談ができるようになりました。特に電話対応に困っているときには、周りの職員がすぐにフォローしています。席の近い先輩から指導や助言をもらうことで、様々な気付きを促す効果があり、その結果双方のステップアップにつながっていると思います。新たな発案や意見、要望等をタイムリーに投げかけられる環境になっていると思います。

また、基幹型センターの業務を中心に行う職員の机をセンター長や係長のそばに配置しているので、すぐに打ち合わせが出来るようになっています。隣には居宅がありますから、みんなが訪問に出て新人の２人が残ったときは、後ろを向いて居宅に相談しながら対応しています。

日頃から、個別ケースについての相談は、２階の地域福祉権利擁護事業や成年後見推進機関である社協の「あんしんセンターたちかわ」の職員が下りてきたり、包括の職員が上に行ったり、すぐ

後ろには生活困窮者を担当している社協の「くらし・しごとサポートセンター」があるので、振り向けばそこにも相談ができます。

社協全体としても、机の配置がうまくいっていると思います。

工夫のポイント　コミュニケーション

職員同士の距離を近づける工夫をすることで、相談や打ち合わせが効率的にできます。先輩・後輩双方に様々な気づきを促す効果がありステップアップにつながります。

職員同士がすぐにコミュニケーションがとれる距離にあると、短時間で判断でき緊急時の即応性が高くなります。

工夫その２

●地区別に分担し、複数の地区を担当しています。

地区別に基本的に２人もしくは３人が担当し、高齢者人数に応じて更にプラスし、１人の職員が複数の地区を担当しています。電話や来所の新規相談は、基本的には電話を受けた職員、窓口で対応した職員が対応しますが、訪問のときには、その地区の担当者が訪問しています。

新規相談を受けた職員は、その地区担当のトップの職員に報告し、その後トップの職員が担当者に振り分けます。地区別に担当することで、その地区を深く知ることができます。その上、１人の職員が複数の地区を担当しているため「ひとつの地区しか知らない」ということがなくなり共有できるようになります。緊急時には担当者不在でも臨機応変に対応する体制があります。

各種会議やイベントにおいても、主担当とその他の担当という複数で担当するようになっています。担当者だけしか分からないということがなく、皆が協力して仕事をする環境づくりのひとつになっています。

工夫のポイント　共通の目的

ケースの分担の方法を工夫することで、共有できるケースの情報が増えます。担当者不在でも臨機応変に対応ができます。

ケースに複数で関わることでリスクを見逃さないようになります。

工夫その３

●共有のためにミーティング、記録、パソコンを活用しています。

ミーティングで、担当ケースに関して「こういう方から電話がくるかもしれません」などと、対応を共有するようにしているので、みんなで動いているという意識が持てます。

居宅も含めたミーティングを月１回、包括ミーティングを月１回開いています。それとは別に、毎週木曜日の朝１時間ぐらい、お互いの動きを共有する場として、気になるケースについてはみんなで相談し合いフォローするようにしています。毎朝８時半から朝礼があり、新規で受けたケースについて共有しています。連絡会の翌日には必ず会の内容を伝えるようにして、内容を共有しています。朝のミーティング、週１回のミーティングなど複数回開くことで、補うことができ、みんなが共有できるようになっています。ミーティングの内容はノートに記録しているので、休んだ人が見られるようになっています。

また、パソコンが1人に1台割り当てられているので、そこで伝達や報告事項、各自のスケジュールを共有しています。そうするとお互いの動きが良く分かるようになり、みんなが協力し合って仕事する環境ができます。

工夫のポイント　　コミュニケーション

ケースを共有する工夫をすることで、チームで関わっている意識が高まります。協力して仕事ができるようになります。

複数のツールを使いケースを共有することで漏れがなくなります。緊急時もスムーズに対応ができます。

工夫その４

●社協の視点、包括の視点で業務を見るようにしています。

私は第１層目配置の生活支援コーディネーターなので、立川市全域を担当し、２カ月に１回各エリアで行われている小地域ケア会議に出席しています。最近の会議では、新しい総合事業の話や、社会資源をつくっていこうという話が多くなっています。エリアにより、小地域ケア会議で「何をしようか」という打ち合わせの段階から関わっているので全体が見えてきています。

また、基幹型包括に籍を置いているので、サービス事業者別の連絡会、業務別の連絡会などにはほとんど出席しています。地域で中心となっている事業者の人々と顔がつながってきていると思います。

一方、市内の６生活圏域の全ての圏域に配置された社協の地域福祉コーディネーターとの関係として、生活支援コーディネーターは、基本的に介護保険の中に位置づけられたコーディネーターなので、ある程度高齢者分野を中心に活動していますが、地域福祉コーディネーターは、制度も年齢もしばりがなく他分野横断的に地域や住民に関わり、「孤立のないまち」「住民が心配ごとの解決に参加できるまち」を目指して活動しています。

私は介護予防の視点でサロンづくりや場所づくりを行っていますが、地域福祉コーディネーターは、孤立のないまち、参加できるまちという視点で活動しているので、子ども関係であれば、孤食の問題、生活環境の問題など、高齢者分野に限らない取り組みをしています。

もちろん、動きとして重なる部分があるので一緒に活動することもあります。月に２～３回ある地域福祉コーディネーターの会議に出席して、互いの情報を共有しています。私も社協の職員なので、介護予防の視点だけでなく、地域福祉コーディネーターの視点も持っていなくてはいけないと思っていますが、棲み分けはしているつもりです。

工夫のポイント　**協働意欲**

専門職としての立ち位置を知る工夫をすることで、自分の役割が明確になります。業務全体が見渡せるようになります。

専門職が互いに補いあうことで、業務遂行時の不足がなくなります。リスク回避になります。

工夫その５

●ケアマネサロンは市内にいくつかあります。

ケアマネジメント支援業務連絡会という主任ケアマネジャーが中心の会議があり、互いに相談ができる場になっています。会議だけでなくケアマネジャーのためのサロンもやっています。このサロンは、デイサービスが「ケアマネさん集まりましょう」と声掛けをして始めたものや、ケアマネの事業所が始めたところもあります。私ども社協にもケアマネサロンがあり市内にもいくつかあります。

サロンは、ケアマネジャーが本音で話し合える場として受け入れられています。公に出来ない病院の情報もそこで共有ができて、とても居心地の良い場になっていると思います。

工夫のポイント　コミュニケーション

ケアマネサロンの運営の仕方を工夫することで本音の話ができます。ケアマネジャーが使える情報が増えます。

即効性のある情報が得られることで、他機関と関係作りの不具合を回避できます。

工夫その６

●入職した職員は母体法人の研修、市役所の研修を一緒に受けています。

入職すると法人全体の研修があります。最初にオリエンテーション、法人の３課７係の各部署から概要の説明を受けた後、各係を２～３日ずつ回ります。それとは別に包括の新人研修と、今年は立川市役所の新人研修を市役所の職員と一緒に受けました。その後社協に戻り、１カ月間デイサービスも含めた全部で実習をして、自分の部署に戻ってくるのは６月から８月になります。また、社協の総務主催で、地域福祉活動計画についての研修や、予算関係の研修も受けました。

実習の中に、社協職員としての窓口業務があります。担当部署に「窓口にこういう方が来ています」とつなぐことを経験することで、社協職員として全体が見えるようになります。

工夫のポイント　　共通の目的

職員の研修プログラムを工夫することで、つながる先の業務が見えるようになります。仕事の全体が見えるようになります。

業務全体がわかっていると、センターが目指す目標から逸れたり、ぶれたりしても軌道修正ができるようになります。目標を見据えた業務遂行ができます。

工夫その７

●情報誌「まちねっと」に住民が真似をしたくなるような情報を載せています。

各社協の地域コーディネーターと住民と包括の情報誌として「まちねっと」という新聞を生活圏域で年４回、新規のところは年２回発行しています。それをシルバー人材センターに委託して各エリアで全戸配布しています。

まちの支え合いやサロンの情報を多く載せて、読んだ人が真似したくなるような雰囲気のサロンや居場所、住民互助活動の情報を発信していこうと思っています。前回、自宅を開放してサロンを開いているという取り組みを載せたら、それを見た住民から「自分の家でもやってみたい」という声があがりました。

工夫のポイント　　コミュニケーション

地域への情報発信の仕方を工夫することで住民から声が上がるようになります。地域に包括が浸透していきます。

地域住民との距離が近くなると、住民が気付いた支援が必要な方の情報がキャッチしやすくなります。

工夫その８

●包括が使う書式を揃えるための事務連絡会があります。

立川市の包括には事務連絡会があり、そこで書式を揃えています。

市内の６病院に確認をとり、以前あった介護保険の照会状の様式を応用して、主治医に問い合わせる、意見をもらう様式を共通化しました。この他にも共通書式が幾つかあります。要支援の包括払いの通いの訪問介護や通所介護は、カレンダーのようなものを作り、丸をつけて回数を報告してもらうようにして手間を省いています。みんなで工夫して書式をつくっています。

今回の総合事業導入にあたっては、包括の予防プランづくりが大変だと思うので、なるべく包括の事務負担を減らすことを考えていきたいと思っています。そのためには、総合事業の資料を読み込み勉強しなければなりません。１人の力ではだめで、全体の力にしていかなくてはいけないと思っています。

工夫のポイント　**共通の目的**

包括が使う書類を工夫することで、事務作業の簡略化、書式の整理ができます。包括の事務負担の軽減になります。

共通書式があることで、混乱しがちな病院とのやり取りがスムーズになります。緊急時の書類のやり取りも短縮できます。

工夫その９

●地域ケア会議を３層構造にしています。

地域ケア会議は、ケアマネジャーの文言がどうのこうのというケアプランチェックの会議ではなく、「互いに顔を合わせてこの地域のケアのことをみんなで考えていきましょう」という会議だと思います。それが自然にケアマネジャーの支援になっていけば良いと思います。地域のいろんな人が集まることで、地域に知り合いが増えてネットワークが広がります。地域に目を向けて下さいということです。

立川市は地域ケア会議が３層構造になっています。月１回、市全域レベルの地域ケア会議を行い、２カ月に１回、６圏域ごとに小地域ケア会議を行っています。個別のケア会議は必要に応じて随時行われています。

市全域レベルの地域ケア会議のメンバーは、立川市高齢福祉課、介護保険課、健康推進課、それから生活保護担当の生活福祉課も参加しています。他に保健所、消費生活センター、シルバー人材センター、社協のあんしんセンターと地域福祉コーディネーター、くらし・しごとサポートセンターも参加しています。医療機関は市内６カ所の病院の医療ソーシャルワーカーが参加しています。

小地域ケア会議は、エリアの地区ごとの開催で、行政の地区担当、社協の地域福祉コーディネーター、生活支援コーディネーター、ケアマネジャーの事業所、通所介護事業所、訪問介護事業所、訪問看護事業所、福祉用具事業所などが参加しています。特徴的なことは、民生委員やボランティアグループの方も参加していることです。地域の方にとっては、ともに地域ケアについて考える場になっています。この小地域ケア会議と地域ケア会議が生活支援体制整備における協議体に位置付けられています。

３層の地域ケア会議を軸にサービス事業者別の連絡会、包括の職種別・業務別の連絡会を開催しています。サービス事業者別の連絡会にはケアマネジャー連絡会、訪問介護連絡会、通所サービス連絡会などの事業者連絡会があり、このような会を通してネットワークをつくっているのが立川の特色になります。地域包括支援センター事務連絡会、総合相談支援権利擁護業務連絡会、介護予防業務連絡会、ケアマネジメント支援業務連絡会が、包括の業務別職種別の連絡会です。それぞれ、２カ月に１回、または必要に応じて開催しています。

地域ケア会議の立体構造の中に、包括センター運営協議会があり、立川市高齢福祉課が事務局となり、２カ月に１回運営協議会を開いています。そこに、地域ケア会議に各センターが提出し発表した毎月の状況報告書が２か月分あがります。自然に包括の仕事が評価される仕組みになっています。評価だけでなくネットワークによるサポートも受けています。

工夫のポイント　**協働意欲**

地域ケア会議の活用方法を工夫することで、地域のネットワークがひろがっていきます。包括の業務の評価とサポートにもなります。

重層構造にすることで、様々なステージでの地域住民のリスクをキャッチすることが可能になります。

工夫その10

●常に「チームに返しなさい」ということを言ってきました。

包括の総合相談には色々な相談がきます。色々な相談を受けるとそれだけ職員は鍛えられます。基本はインテーク・アセスメントをして適切な相談支援を行う、適切な社会資源につなぐということですが、それができるようになるためには、対人援助職としての総合力が必要です。そのための仕組みを作っていかなければならないと思っています。ひとつのことだけをやるのではなく、幅広く知っているということが求められるので、この総合力をつけるには包括は最適の実践現場だと思います。

個別支援は入り込めば入り込むほど１人仕事になってしまいがちです。まだまだこれからですが、常に「チームに返しなさい」ということ言ってきました。大きくは行政も含めた立川市全体がチームになるということです。市の中でチームが力を発揮するためには、ひとりひとりが力を上げて総合力をつけて、お互いにつながり、パートナーシップの中で相乗効果を狙っていくしかないと思います。

チームは包括内の各担当者、社協内、市内の包括間、多様な関係機関・団体、市役所内部など、どこでもチームを作っていけばいいわけです。その目的は、市民のためによりよい地域の基盤をつくっていくためということになります。

それと、「人をねぎらうこと」と「言うべきことは言うこと」の両方が必要です。どちらかだけでもだめで、言うべきことは言わなくてはならないし、ねぎらいの言葉も必要です。多様な連携の取り組みの中で、人々の取り組みを認めていくということだと思います。

工夫のポイント **協働意欲**

相談対応をチームで取り組む工夫をすることで、支援に相乗効果が生まれます。総合力が育ちチーム力が発揮できます。

チームで支援することで個人の負担が軽減し、ストレスが回避できます。

ヒアリングのおわりに

●ヒアリングの前に職員にアンケートを実施しました。

ヒアリングを受ける前に、職員にアンケートをしました。

センターの内部環境の満足度を聞いたところ、大抵80％ぐらいで、高い方は95％でした。95％の人の中に「相談しやすい雰囲気」「サポーティブな関係性がある」とありました。足りない５％は「多忙過ぎてほかの職員の仕事が見えにくいところがある」「忙しすぎる」ということでした。全員が共通して「みんなで協力し合って仕事をしている」「内部の環境はもともといい」「相談しやすい空気がある」をあげていました。一方で「提案した人や気づいた人の仕事が増えていく」ということもありました。

沖縄編
ヒアリング
1

豊見城市地域包括支援センター（沖縄県）

庁内から４月に異動になった社会福祉士にお話を伺いました。センター内の違和感をキャッチしてそれを解決するために上司、元上司、同期の仲間、先輩等に働きかけていました。

（ヒアリング日：2014年８月22日）

センター基本情報

≪自治体基礎データ≫【人口】61,658人

【高齢者人口】9,454人

【後期高齢者人口】4,314人

【面積】19.60k㎡

【センター数】

地域包括支援センター：１か所

在宅介護支援センター：２か所

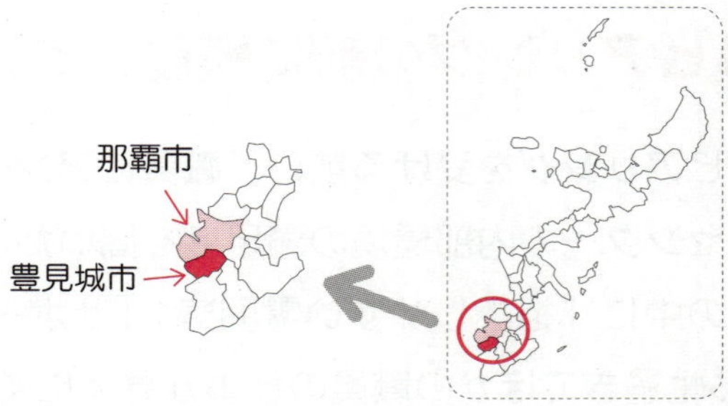

工夫その１

● ３職種と介護予防のプランナーの間に仲介役がいます。

地域包括支援センターは市に直営が１カ所と在宅介護支援センターが２カ所あります。もともと豊見城市の社会福祉協議会が包括を受託していましたが、2011年度から高齢者のケアを充実させていこうと豊見城市に地域包括支援係を立ち上げて移管しました。

最初は包括の運営がはじめてだったので３職種のうち、社会福祉士は自前で、社協に主任ケアマネジャーと保健師を委託していましたが、途中からは市役所の保健師が配置され、主任ケアマネジャーは臨時職員になりました。私は今年、生活保護のケースワーカーから地域包括支援係に異動になり、一から勉強しているところです。

センター長は一般事務職で、センター長が中心となりプランナーの人数を決め、主任ケアマネジャーはプランナーの管理をしています。私はケアマネジャーを補佐する役割を持ち、役所の職員として管理する立場でもあります。３職種とプランナーの中間役、仲介役を担っています。

私が異動になる前は、プランナーはプランをつくることに、３職種は総合相談にかかりきりだったので、席は近くても交流はありませんでした。そこで私が間に入り、毎月ケアマネジャー連絡会議を開催し、業務改善、情報交換、行政に対する要望などを話し合うことにしました。その場で、行政職員に対する要望があれば係長に相談しています。

例えば、「プランナーの席には検索できる端末がないので、端末が欲しい」との要望がでれば、企画調整課にかけ合い端末を準備しました。たまたま企画調整課に私の同期がいて、余っているパソコンがあることを知っていたので、当たりもつけてお願いに行きました。

また、今までプランナー全員が携帯電話を24時間持っていましたが、夜も気にかけているのは精神的につらいということで、居宅介護支援事業所のように業務が終わったら置いて帰るシステムに変えられないかと、係長に上申し「その方が効率的であればいいんじゃないか」ということになりました。

今まではケアマネジャー連絡会議を月１回開催していたのですが、出席者から「２カ月に１回にしてほしい」「毎月は負担がある」という意見が出て、今は２カ月に１回になりました。要望を話し合うだけでなく、各プランナーが抱えている課題やケースの難しい問題が話し合える、密度の濃い会議にしようと思っています。

工夫のポイント　　コミュニケーション

3職種とプランナーの関係づくりを工夫することで、互いの距離が縮まります。職員同士のつながりができます。

職員の日頃の不具合をキャッチすることが、職員のストレス軽減になります。

工夫その２

●地域に出向いて講座を開いています。

市民に対してインターネットや広報紙・チラシをつくり周知するという基本的なところはできていますが、社協時代からそれ以上発展することがなくそれが今の課題となっています。

今私が考えていることは、自治会へ出向いて講座を開くときに「こういう包括があります」と宣伝したり、地域のミニデイに出向き救急医療キットを広めるときに、包括も広めていきたいと思っています。そうすれば、よりいろいろな人に認識してもらえると思っています。

工夫のポイント　　コミュニケーション

地域への働きかけを工夫することで、包括が地域に広まっていきます。地域住民に認識してもらえるようになります。

地域住民に浸透することで、住民の声、地域に起きているリスクをキャッチしやすくなります。

工夫その３

●様々な会議には一連の流れがあります。

「この人はちょっと課題がある」というときは、包括、在宅介護支援センター、社会福祉協議会で開催しているケア部会に上げ、そこで解決しなければ、地域ケア会議に上げていくという会議の流れがあります。

ケア部会は今年から毎月きっちりやっています。日頃の悩みや、目の前の問題など居宅介護支援事業所のケアマネジャーが抱える課題を主任ケアマネジャーに話し、その話を私と話し合い、ケア部会に上げるという流れです。場合によっては、生活保護が関わっていることもあるので、その時は、生活保護のケースワーカーを呼んで対応しています。

ケア部会、ケア会議、包括ケアマネ会議は、私が会議の事務局をしています。基本的には所定の書式があり、その書式にのっとって会議録を書いています。それを課長まで回覧する形になっています。

包括ケアマネ会議を始めた時は、ケアマネジャーから「この会議の目的は何なの？」「何で必要なの？」と言われ困りましたが、「各部門を円滑に運営していくための会議です」と説明していました。

その会議では、ケアマネジャーの意見をまずは聞く立場になり、「ここはこういうふうに改善してほしい」と話が出ると、センター長に話を通して、それからゴーサインが出たらやりましょうという形にしています。ちゃんと段取りがあり、その過程で全て通るとは限りません。センター長から「こうしたほうがいい」「これは難しい部分があるんじゃないの」とアドバイスをもらうこともあります。

その会議を重ねていることで、さりげなく関係性を緩和しています。包括の運営の影響を受けるのはその利用者さんなので、私が関節みたいな役割をしています。

工夫のポイント　　コミュニケーション

会議運営の方法を工夫をすることで、会議の目的、役割分担が明確になります。職員同士のつながりができます。

会議という場で検討する事で、共通の課題になり個人の責任が回避できます。

工夫その4

●在宅介護支援センターや民生委員の方には具体的なお願いをしています。

相談は基本的には包括に来ますが、独居で「台風の状況を見てきてほしい」ときに、包括は３名しかいないので、在宅介護支援センターの人に電話をして「見てきてくれませんか」、民生委員で高齢者に詳しい方や地域に詳しい方に連絡して「見守りをお願いします」とお願いすることがあります。状況が許せば、直接行って状況を確認し、その結果を在宅介護支援センターや民生委員に情報を伝え共有しています。在宅介護支援センターとのつながりは強く、民生委員とはまだ薄いと思います。

私自身、高齢者見守り台帳の事業を担当していて、高齢者で65歳以上の独居や高齢者世帯の台帳を整備するために、毎年民生委員さんに依頼しているので、それをきっかけに協力関係が築けないかと思案中です。

工夫のポイント　　協働の意欲

センター外の機関へのアプローチの仕方を工夫することで、強い協力関係ができます。

地域とのつながりがあると、地域住民への迅速な対応が可能になります。

工夫その５

●初任者研修を契機に動きはじめました。

包括職員の初任者研修を受けて、包括というのはこういうものなんだと理解してから、私自身モチベーションが上がりました。それまでもやもやしていて、何をやっているんだろうという感じだったのが、スイッチが入りそれから歯車が回り出しました。

「要するに、昔は隣近所とのつながりがあったのが、今はないので、それを再構築しようとしているんです」これが、すごくわかりやすいと思い、そういうことをやっていかないといけないんだなということがわかったら、自分の立ち位置がわかったので、動きはじめました。

包括の研修は、１年目は必ず受けるということで、研修費用が予算に組みこまれています。

ケアマネジャーの研修や主任ケアマネジャーの研修は沖縄県からメールがあり、それをすぐ供覧しています。私としては全員が主任ケアマネジャーになったら、その人たちのためにもなるし、事業所のためにもなるから、こちらから積極的に勧めています。

本当にいろんな役割を持っているので、逆に良かったと思っています。見渡して、動かせることがおもしろくなります。１人１人にどんな悩みがあるかを、２カ月に１回の包括ケアマネ会議のときに出し合うことで、日ごろの業務に対する課題や、ケースの状況も見えてきます。そこで要望があれば聞いていきます。

工夫のポイント　　共通の目的

包括の業務を知るための工夫をすることで、業務の理解が深まります。モチベーションが高くなります。

センターの業務を理解していることで、目標が明確になり、方向性を見失うことがなくなります。

工夫その６

●相談の窓口は当番を決め内容によりバトンタッチしています。

窓口来所や電話対応は当番があり、電話当番はプランナーさんが電話をとり、とった人が照会記録を書き、その内容によって３職種の誰が絡んだほうがいいか考え電話をかわります。バトンタッチして、今度はその受けた３職種の１人が話を聞き、それを記録に残します。そして、３職種で知恵を出し合い方針を決めます。その３職種の１人がメインとなり、サブでもう１人がつくという形で動いています。

３職種で協議しても難しいかなという場合には、今度はセンター長が加わります。センター長は専門職ではありませんが、一般行政職としての経歴はかなり長いので、その視点から指示を受けて動くという流れができています。

工夫のポイント　　協働意欲

相談の流れを工夫することで、３職種で方針が決められます。どんな相談にも対応できます。

３職種で相談して決めることで、利用者理解が深まり、リスクを見逃さないようになります。

工夫その７

●ケアマネジャーの勉強会などで医療機関との連携を模索しています。

医療機関との連携が課題です。医療相談室のケースワーカーから相談の電話はありますが、直接、ケア部会やケア会議に医療関係の人が入ってくることはありません。今後どのようにアプローチしていくかをいろいろ考えています。地域のケアマネジャーの連絡会を活用して、沖縄県の薬剤師会の先生を招いて勉強会を開催することや、３市合同で医師会の先生を呼んで研修を開き医師や医療関係とつながる糸口を見つけていこうと思っています。

市内にある特別養護老人ホームや老人保健施設とは、虐待で一時保護が必要な場合に担当の人と話し合いをして、１室確保できないかとかという相談はしています。何カ月に１回は、施設の運営推進会議に職員が運営委員として入り、運営状況や経営状態の話を聞いています。

工夫のポイント　　協働意欲

医療機関との関わり方を工夫することで、つながる糸口を見つけることができます。その先に医療機関との連携があります。

医療機関とのつながる糸口ができると、地域住民への医療的なサポートの相談がしやすくなります。

ヒアリングのおわりに

●自分の足跡を残していくことを意識しています。

業務でわからなかったら、フローチャートに則ってやっていけばできるように考えています。他機関とのやりとりなどの事例を書いて残していけば、次に来た人がそれを見ればスムーズにできると思います。

ケアマネジメントでも、ケアプランの立て方はこういうふうなやり方で立てていくということを、自分で実践しながらやり方をデータ化して残しています。そうすれば、引き継ぎ時期になってもあわてずに済むからやっておくということもあります。

専門職集団が集まって１つのことに対応していくという部署なので、専門職同士がとにかく連携しないとできない部署だというのを強く感じています。

沖縄編
ヒアリング
2

伊是名村地域包括支援センター（沖縄県）

沖縄本島での研修の合間にお時間をいただき、ベテランの主任介護支援専門員にお話を伺いました。島ならではの包括の動きを伺うことができました。

（ヒアリング日：2014年８月22日）

センター基本情報

≪自治体基礎データ≫【人口】1,577人

【高齢者人口】435人

【後期高齢者人口】280人

【面積】15.42k㎡

【センター数】

地域包括支援センター：１か所

工夫その１

●村の相談を一手に引き受けています。

2006年には包括を社会福祉法人の小規模の特別養護老人ホームに委託していたものが、2011年から村の直営の包括になりました。その当時の住民福祉課長が直営でやらないといけないという意気込みで直営になりました。包括といってもケアマネジャーが私１人で、ほかの保健師と事務は兼任の３名体制です。事務は社会福祉士の資格を持ち、介護と障害の事務を兼ねています。

同じ敷地内に包括と保健センターがあり、保健センターには保健師２人、栄養士１人、看護師資格を持つ事務とセンター長がいます。その専門職が全員で島の相談を受けているという現状です。みんな同じ所にいるので情報共有はできています。

窓口には市民からのいろいろな相談があります。どんな相談でも全部受けて関連の部署につないでいます。センター長に「こういう相談が来たんですけど、どうしましょう」と報告して判断を仰いでいます。相談の記録は保健師と私がパソコンに入力し、みんなで共有できるようにしています。いろんな部署に伝える必要があるので細かな記録が必要になります。

窓口に相談が来たら、そこに立った人が対応していますが、センター長が入ってすぐの席なのでいつも窓口当番みたいになっています。中学３年生までの医療補助の申請も受け付けています。高齢者の相談窓口というよりは、村の相談窓口という意識で立っています。

保健師が受けた時は、高齢者の相談は高齢者のところに、民生委員の相談は包括につないでくれます。民生委員も定期的に相談に来て、「あの人が手すりが欲しいと言っている」などと知らせてくれます。民生委員のみなさんが包括をわかっているので、相談は結構多いかもしれません。村の困

りごとをキャッチしてくれています。村の地区の代表である区長からの相談がないのは、多分、区長と民生委員が連絡を取り合っていて、そこでつながっているからだと思います。

工夫のポイント　協働意欲

窓口での相談の受け方を工夫することで、村民からのどんな相談にも対応できます。

地域に包括が浸透していることで、少ない人数でも村の困りごとをキャッチできます。

工夫その2

●広域連合には村の職員を派遣しています。

庁内のことと、広域連合内の連携が難しいため、要支援の方への対策が進展していないことがあります。

村ならではの課題として外出支援があります。外出支援はなかなか外に出られない方への支援として、例えばデイサービスから診療所に行っても、診療所から自宅に帰るときに外出支援が使えないということがあります。村にはタクシーがないので、外出支援のために福祉有償運送のための免許を取る講習会を開いたのですが、なかなかうまくいかず前に進んでないところがあります。

「広域連合ともう少し話し合いが必要だね」ということになり、庁内のことと、広域連合内の連携が難しいところがあります。

広域連合は、職員が村の方というわけではないので、１人は派遣していますが、係が違うので、難しいです。

工夫のポイント　コミュニケーション

庁内、広域連合との連携の仕方を工夫することで、新しいサービスの検討ができます。今後の連携のためのヒントが見えてきます。

関連組織への職員派遣は、内部から組織をみることができ、その組織へのアプローチの検討がしやすくなります。

工夫その3

●食事サービスは近所のお店に頼んでいます。

昨日は保健センターで、退院した一人暮らしの高齢の男性の今後の暮らしについて会議をしました。この方は週２回の診療所受診が必要で、会議には、外出支援の担当、訪問介護とデイサービスの担当、民生委員と保健師、それに本人も出席して、しっかりと要望を伝えていました。村の中に医療施設がないので今は診療所が定期的に来てくれています。どうしても離島は医療が弱いので、訪問看護だけでもあればいいと思っています。

この方は日常生活の支援として昼食に配食サービスを利用しているのですが、土日の配食がなく、夕食も困っています。包括みんなで知恵を絞り、この土日と夕食をどうしようかと考えました。そして、食事サービスがないところは、「近所のお店に頼んでみよう」ということになりました。今近所のお店に交渉してお願いできることになり、「刻んでください」まで頼むことができました。島には専門職が少ないので、地域の中に交渉に行き、ないところは住民にカバーしてもらっています。普段行っているお店に、買い物のときにちょっとお願いして配達をしてもらったり、必要だけどないものは何かと考えています。

工夫のポイント 　　協働意欲

地域住民をまきこむ工夫をすることで、ないサービスをカバーすることができます。

地域にないサービスを住民と一緒に考えることで、地域住民の困りごとにも対応できます。

工夫その4

●包括を知ってもらうために地域に出向いています。

村民は包括に行けば何でも相談できると、最近は知っていると思います。村民同士が「私こうしたのよ」という口コミで広がっていることもあると思います。

公民館で包括の説明会を開いたり、毎月「村の便り」という広報紙に、説明会があればその案内を載せています。公民館には年に1回住民検診のときに行っていて、公民館で顔を合わせているので、村の人たちはみんな包括に相談に行けばいいということがだんだん広まってきていると思います。実際にパンフレットを作ったり、ポスターを作ったりもしています。

村の中の福祉関係者は限られているので、村の人は私が福祉の仕事をしているのはわかっていると思います。だからこそ、商店街の人に頼むことができるし、「困っている人がいるんだったら」と引き受けてもらえます。

村民はお互いに助け合うということもありますが、頼める人にしか頼めないということもあります。「この人には頼めそう」という情報がセンターの中に蓄積されています。島ならではのいいことは、村の人にちょっと頼めるということです。

工夫のポイント 　　コミュニケーション

センターを周知する工夫をすることで、顔の見える関係ができます。互いに助け合う関係ができます。

地域住民との顔の見える関係があると、緊急時の情報もキャッチしやすくなります。

工夫その５

●先輩であることを意識して関わっています。

2011年当初は庁内で私もプランをつくっていましたが、2012年に保健センター内に異動してきていきなりのスタートになりました。最初はもうみんなで一斉にスタートですから、いろんな相談が来て、あれもこれもで、予防支援事業所なのに私ひとりが包括みたいな感じでした。

村に１カ所、特養に居宅介護支援事業所があり、予防は特養と私とで分けています。数は特養の居宅も包括も同じぐらいです。特養の方は２日に１回ぐらい生活相談員もケアマネジャーも相談に来ます。新人のケアマネジャーで私が先輩なので、例えば、「住宅改修はどのように進めたら良いか」「入院している人がいるけど、どのタイミングで入所するか」など細かな相談があります。自然に相談できるいい関係だと思います。

工夫のポイント　　コミュニケーション

ケアマネジャーへの支援の仕方を工夫することで、なんでも相談できる関係ができます。業務の分担もできます。

ケアマネジャーの得手不得手を把握することで、ケースのリスク、ケアマネジャーのリスクへの対応策の検討ができます。

工夫その６

●物理的な距離、風土を理解していることが大切です。

村の中の移動距離は短く、自転車で５分ぐらいで行くことができます。ガスを24時間使わないと、それをキャッチして、保健センターにメールが来る見守りサービスがあり、先日も様子を見に行くことがありましたが、移動距離が短いのですぐに確認に行く事ができます。

島には、内地から来た人を受け入れる、「いひゃじゅーてー」という言葉があり、なんでも受け入れる風土があります。逆に、地元の方のほうがあまり知られたくない、細かいことは言いたくないということがあります。

最近は、孤独死が結構あります。隣近所の関わりが少し希薄になっている感じはしています。村の中の産業は、農業、漁業、あとは自営業で、高齢のひとり暮らしの独身の男性が多くなっています。

工夫のポイント　　コミュニケーション

住民との関わり方を工夫することで、隣近所との関わり方が見えてきます。住民への支援方針が立てやすくなります。

地域住民のこだわりを理解していると、初回の関わり方のリスクを見誤らなくなります。ボタンの掛け違いを防ぐことができます。

工夫その７

●民泊が介護予防になっています。

島には海がきれいで観光客が多く来ています。そのまま住みつく人もいます。民泊事業をしていますが、中学生や高校生のための民泊もあり、農業、漁業体験ができます。そこで一度来て、大人になってまた来てくれることもあります。老人クラブの方々が元気で、その方々が民泊をやっています。

この民泊事業は介護予防になっていると思います。受け入れる側として準備をしなければならないので、それは結構楽しそうで、みんな元気になります。帰った後に手紙のやりとりもあるようで、自分の家族みたいに、家族が増えていく感じです。

工夫のポイント　　共通の目的

介護予防の見方を工夫することで、地域住民の生活の中に予防に役立っていることが見えます。村民への意識付けもできます。

予防の考え方を地域の取り組みに合わせて考えると、介護予防につながっていることをみつけられます。

工夫その８

●一次予防、二次予防を区別しないで考えています。

社会福祉協議会が今生活サポート事業に取り組もうと思っています。前期高齢者の方が後期高齢者の方をサポートするという事業です。例えば後期高齢者の方から「畑の仕事ができなくなったからちょっと耕して欲しい」と言われたら、前期高齢者の方がトラクターで耕すサポートをするといった取り組みです。

包括ではできなかったことを、みんなでどうにかしないとということです。包括は実際に何かが起きてから動くところがあり、後手後手になりがちですが、それがきっかけで動きはじめるということもあります。

沖縄県の地域支え合い事業を受けて、来月から老人クラブの方と、小学校の空き教室を利用した世代間交流を考えています。高齢者で括らずに垣根をなくし、村全体で支えていけるようにということです。一次予防も二次予防もまとめてやっている感じですが、それを区別することは難しいかなと思っています。

工夫のポイント　　**共通の目的**

他機関の事業を取り入れる工夫をすることで、動き出すきっかけがつかめます。包括でできないことはみんなで考えています。

他機関の動き方を理解しておくと、重複することなく地域に社会資源を作っていくことができます。協働して取り組むことができます。

ヒアリングのおわりに

●支援者として医療面の弱さが不安です。

満足度は、仕事と今の環境を考えて60％ぐらいです。この足りない40％は、やっぱり村に看護師がいないということです。医療的な処置をする、緊急の度合いを把握する、医療面を理解している、発信できる、決断できる人が欲しいということです。そうしたら、40％が少し下がります。「島に帰りたい」と思っても帰ってこられない要因が医療面の弱さにあります。

また、今は島に特別養護老人ホームしかないので、グループホームのような地域密着系の施設があればいいと思っています。要支援１ぐらいで元気な方たちのためのリハビリテーションができる所がまだ足りないと思っています。

コラム「どのセンターにも工夫はある！」

ヒアリング調査終了後、包括的・継続的ケアマネジメント支援委員会のメンバーによるディスカッションの内容をコラムにまとめました。

○すぐに真似ができることがありました

「朝礼をすぐに取り入れました。」

もとまち（国分寺市）は熱い思いの社会福祉士さんが沢山いらっしゃいました。地域に出て行こうとする気持ちと、法人を愛する気持ちの両方が伝わってきて自分を見つめなおす良い機会を頂きました。普通のセンターと違うなと感じたことは、職員が他の部署にも精通しているので、法人内の動きがスムーズに行えていたことです。

会議や朝礼のあり方、介護予防に参加するスタンプなど、うちの包括ですぐに取り入れてみました。ヒアリングに伺ってよかったです。これを読まれた方にも取り入れられる小さなポイントが多くあると良いと思います。

「一言から始まるコミュニケーションはすぐに意識できます。」

小川ホーム（小平市）は事務所の雰囲気が明るく、和やかな印象を受けました。職員の皆さんが思いや感情を即座に話して共有したり、会議やミーティングの場でなくても思いついた意見やアイディアをその場で話し合ったりしていました。多忙で個人プレーになりがちなセンター業務ですが、訪問から帰ってきた職員に「お帰り」「どうだった？」そんな一言から始まるコミュニケーションによって、個々のストレスの軽減、職員間の信頼関係や協働体制が生まれるということを感じました。難しいことではないので、私も早速意識していこうと思います。

「ポジションがわかると活き活きと仕事できることがわかりました。」

立川市南部西ふじみでは新任の生活支援コーディネーターや新卒の社会福祉士の方々が中心になって、ヒアリングの対応をしてくださいました。４月に配属されたばかりとは思えないほど、わかりやすく組織の状況や動きを説明する姿が印象的でした。センターの業務は多岐にわたり、その業務理解に悩まされることがあっても、まずは組織の特徴を理解し目指す方向がわかり、自らのポジションがわかるようになると、お二人のように活き活きと仕事ができるのだと感じました。

○職員の配置や動きが影響し合っていました

「職員の配置に配慮されていました。」

落合第一（新宿区）の皆さんと顔を合わせた時に、女性が多い私の職場とは異なり、男性の比率が高いことに驚きました。また、法人の理念やセンターの方針が脈々と受け継がれて、自然な形で体現されているような印象を受けました。そんな中で、女性のケアマネジャーさんが孤立しないような配慮も行き届いていました。法人のなかで地域包括はあこがれの職場になっているのではないでしょうか。

「人事異動で新しい風が入ってきました。」

豊見城市包括（沖縄県）は、人事異動は時に大きな混乱を生みますが、新しい風が吹いたことで包括が大きく変化していました。組織には人事異動はつきものですが、それをプラスに捉え、今までの人脈、つながりを活かし、新しい部署に貢献する。業務の中身は違っても、その人の中に積み上がっているものを直に感じることができました。経験値とはそういうものだとあらためて思いました。

「職員が定着しているセンターの好循環を見ました。」

小川ホーム（小平市）は職員が仕事をしやすい環境が、センター長を中心に自然体でできていました。みんなの居心地の良さは、無意識に存在しているようでいて、実はそこにちょっとした工夫やシステムがあって、それがうまく機能していることがわかりました。なんでも言い合える、風通しの良い職場に職員が定着している。人材が定着することで関係性が構築され、お互いの理解が進み、自然と役割分担ができ、センターとしての経験値が蓄積されていく。そんな好循環をみることができました。

「法人職員であることの誇りを感じました。」

もとまち（国分寺市）は職員が組織を大事にしていることが感じられました。包括支援センター職員としても常に法人職員としての在り方を意識しているように感じました。地域の中でも福祉の中心的存在となっている組織であるため、そこの職員であるという誇りも感じられました。日常の業務では専門職の枠にとらわれず個々の職員を生かせるように工夫されているのが興味深いものでした。特に会議の重要性が浸透しており、会議を有効に機能させていると感じました。

「組織内のコーディネーターの重要性を感じました。」

豊見城市包括（沖縄県）はセンター内の状況等をアセスメントし、自らのポジションを踏まえて、「仲介者」として組織内の環境づくりを行っていく。ヒアリングを終えて、組織運営を円滑にしていく組織内のコーディネーターの意義と重要性を感じました。今後、センターには「機能強化」という名目で、様々な業務が付与されていきます。

多様な業務を遂行していくためには、このような「組織運営の円滑化」の取り組みが必要になると感じています。

○センターの特徴に興味をひかれました

「地道な共同作業を手始めにチームワークを充実させていました。」

西日暮里（荒川区）の駅の近くにセンターがあり、どんな地域か興味があった中、「地域の相談に丁寧に対応する」事を意識し、少しずつ地域包括ケアを広げているように感じています。地道な共有作業を手始めにチームワークを充実させ、併設する「みまもりステーション」とも連携し、正に「皆で考え、地域支援に取組むセンター」とも感じています。各専門職の「地道な努力」が花を咲かせ、高齢者が安心して暮らせる街作りに繋がってゆくよう切に願っております。

「引き継ぎに自信を持っている姿が素敵でした。」

落合第一（新宿区）にお邪魔して、人数の多さに驚きました。しかも、どの職員に伺っても「コミュニケーションが取れている」「困っていると大丈夫と声をかけられる」「居心地が良く風通しのいい所です」と笑顔で答えていたのが素敵だと感じました。情報伝達の流れがしっかりしていて、文書でまわり、見ていない、聞いていないがないのも素敵でした。でも何より良かったのは、内部の引継ぎも外部のケアマネジャーへの引き継ぎも、すごく丁寧ですと自信を持っている姿が素敵でした。

「島の地域特性を踏まえてセンターを運営していました。」

伊是名村（沖縄県）では、「島」という地域特性を踏まえて、センターの業務や組織運営を展開している様子が印象的でした。住民との距離が近いからこそ、「福祉の総合相談窓口」として認識されて相談が入ってくる。住民の顔と動きがわかるからこそ、ケース対応でお願いすることもできる。センターが担う総合相談業務の環境がとても整備されていると感じました。

「生活の中に予防の種がたくさんあることがわかりました。」

伊是名村（沖縄県）では、民泊をやることが楽しいことで介護予防になっているということが印象に残っています。新しい何かを作る事にとらわれがちですが、実は生活の中にたくさんの予防の種があることを教えて頂きました。住民参加、住民と一緒にが当たり前に行われていました。包括に求められていることは、ないものを新しく作っていくことではなく、地域にあるものを見つけていくことなのだと思いました。

○参考になることばかりでした

「他のセンターを知ることはとても良い勉強になりました。」

西日暮里（荒川区）のヒアリングでは、「非常に少ない人員体制で大変だな」という印象を率直に受けました。私も、外部研修などで他区センターの方々とお会いする機会はありますが、職場に訪問する機会はなかったので、今回、とても良い勉強になりました。当時のヒアリングでは「人員配置が厳しい」とのことでした。今は改善されていることを願ってやみません。

「これからの包括のあり方を学ぶことができました。」

立川市南部西ふじみでは多岐に亘る業務や役割がすっきりとシステム化された環境の中で、職員の皆さんが協力体制のもと、着実にスキルを伸ばしていらっしゃるように見受けられました。センター長さんがヒアリングの中で何度か話していらっしゃった「チームで取り組む」「総合力をつける」という言葉は、机のレイアウトも、そのための環境整備の一つだと思いました。これからの包括のあり方を見据えた工夫を学んだような気がしました。

Ⅲ　ヒアリング調査のまとめ

1　各センターのリスクマネジメントシステム

ヒアリング調査の結果、センター業務をリスクマネジメントの側面からから見ると、各センターではリスクマネジメントが行われ、それがセンター業務を効率的に稼働させせることにつながっていました。本報告書のタイトルにあるセンターの小さな工夫には大きな意味があることがわかりました。みなさんのセンターがリスクをどのように捉え、どのような仕組みで動いているかあらためて考える機会にしていただければと思います。

ここではヒアリング調査を、センターごとにリスクマネジメントの側面から考察した結果とリスクマネジメントシステムを図式化してまとめています。

図の見方

管 ＝センター長	CM ＝ケアマネジャー	主 ＝主任ケアマネジャー
看 ＝看護師	保 ＝保健師	社 ＝社会福祉士

○小平市地域包括支援センター 小川ホーム（小平市）

メリーゴーランド型システム

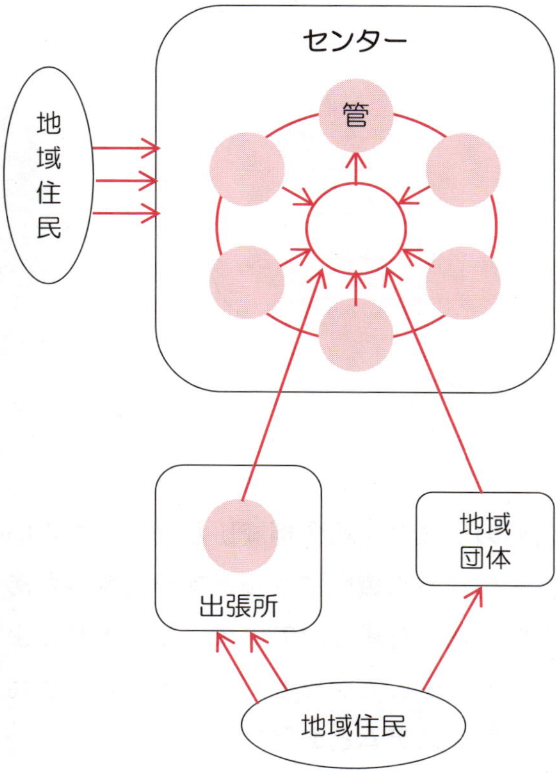

考察

センター内で、職員自身のリスク、職員が担当するケースのリスク、地域住民のリスクを、コミュニケーションをとることでキャッチし回避していました。職員が定着しているため経験値が活かされ、新しい事業のリスクを回避できることが強みであると考えます。緊急時の即応性が高い組織だといえます。

地域住民にセンターの存在が浸透し、出張所の相談数も増加し、地域住民のリスクを受け止めていました。

センター内外のリスクを職員全員で受け止め、それをセンター長に集約し回避していると考えることができます。スムーズに組織が回っていることから、メリーゴーランド型システムと命名しました。

○西日暮里地域包括支援センター（荒川区）

併設組織協働型システム

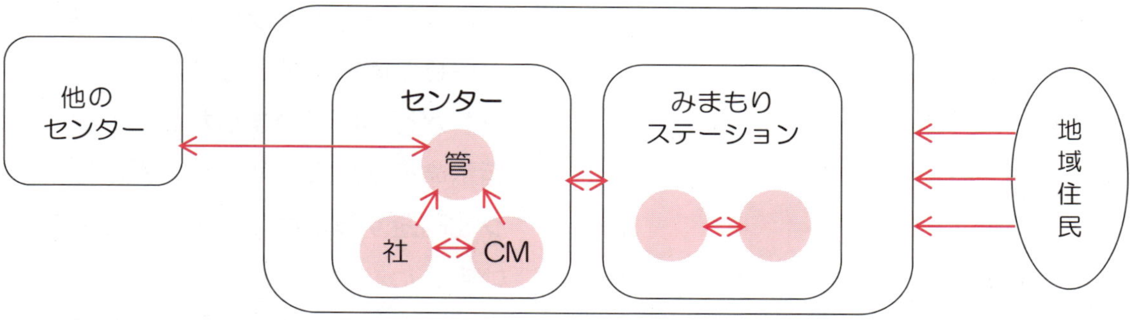

考察

センター長と職員が直結していることで、職員のリスクマネジメントをしていました。指示命令が伝わりやすく、情報のブレがなく混乱を回避していました。併設の機関もリスクをキャッチし、併設の機関がリスク回避の一端を担っていました。センター長のリスクは他のセンターのセンター長がキャッチして回避していました。センターの脆弱性を併設の機関と協働することで補っているセンターであると考えることができます。併設機関協働型システムと命名しました。

○落合第一高齢者総合相談センター（新宿区）
継承型システム

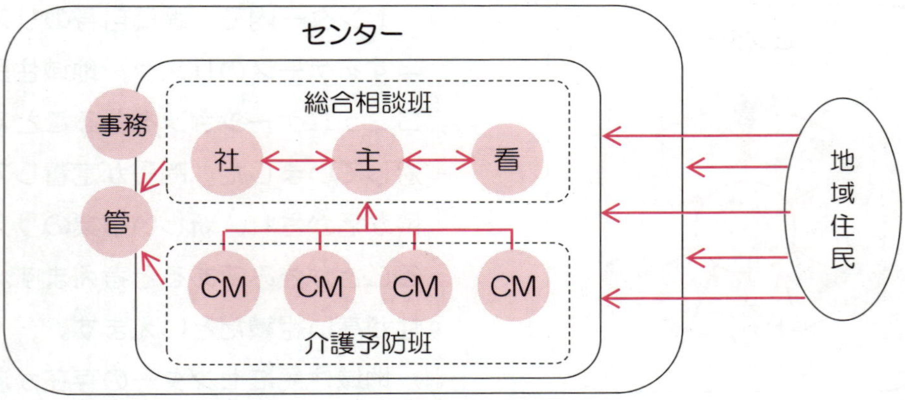

考察

センター内が業務の違いで２つの班に分かれ、介護予防班のリスクを組合相談班が受け止めているセンターでした。センター全体の秩序が保たれ、センター長から組織目標が浸透する仕組みがあり、そこでもリスク回避ができていました。丁寧な引き継ぎ方法が継承されていました。それにより地域住民のリスクを母体法人の各機関、センター両面でキャッチしているセンターであると考えることができます。包括業務が継承されていることから継承型システムと命名しました。

○地域包括支援センターもとまち（国分寺市）
リーダー主導型システム

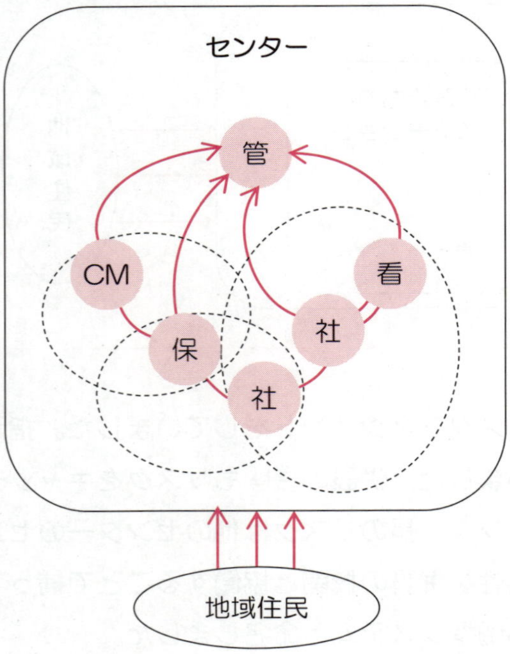

考察

センター内の各プロジェクトチームがセンター長と直結していることでリスクマネジメントが行われていました。センター長からの指示命令が浸透しやすく、業務は個人のリスクを回避するためにチーム単位で遂行されていました。

センターの運営を職員の自律性に頼るのではなく、チームとして機能することで負担軽減を図り、リスクを回避していると考えることができます。センター長に直結して稼働しているため、リーダー主導型システムと命名しました。

○南部西ふじみ地域包括支援センター（立川市）
近接サブシステム稼働型システム

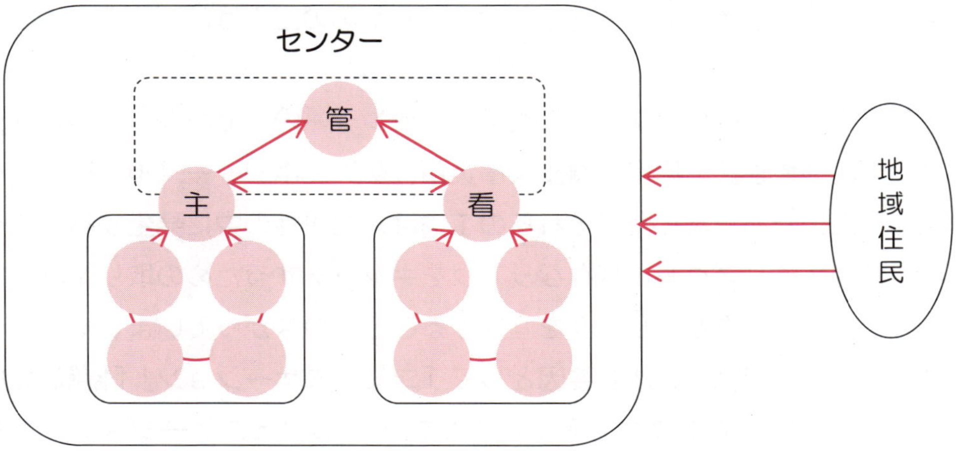

考察

２つの班からなるセンターで、職員同士の距離が近くリスクをキャッチし緊急対応が必要な時の即応性が高いセンターです。ケースを共有しチームで取り組むことで、ケースのリスクを回避するリスクマネジメントが行われていました。センターの目標がセンター長より提示され、すみずみまで浸透しているセンターでした。

トップグループが迅速に対応策を検討することでリスク回避ができていると考えることができます。２つの班が近接し稼働していることから、近接サブシステム稼働型システムと命名しました。

2　センターのリスクマネジメントシステムとは

ヒアリング調査では「センターの業務を効率良く稼働させるための工夫」として、お話を伺いました。その結果、センターの業務を効率的に稼働させるための工夫は、センターのリスクマネジメントを稼働させることにつながっていることがわかりました。

センターの日常業務を効率的に稼働させるために、センター内、センターの母体法人、行政機関、医療機関、地域団体、地域住民、居宅介護支援事業所、ケアマネジャー（担当ケースを含む）等との関わりには様々な工夫がありました。それらの工夫は、関係性の中に発生するリスク、支援者側のリスク、事業所が抱えるリスク等、様々なリスクをキャッチするための取り組みであり、日頃の日常業務の中での関わりの工夫が、リスクを回避することにつながっていました。

本報告書ではセンター（組織）の成立要因として「コミュニケーション」「協働意欲」「共通の目的」を規定し、主なものとして１つを提示していますが、「コミュニケーション」がセンター全体を効率的に稼働させるエンジンとなり、「協働意欲」「共通の目的」が加わることで、リスクマネジメントシステムの基盤が強固なものになっていくと考えることができます。

ヒアリング調査から、センターにリスクマネジメントシステムが稼働していることがわかりましたが、センターが組織としてそのことをあまり認識していないことが考えられます。センターが小さな工夫として捉えていることは、実は、センターの運営に欠かせない取り組みであり、リスクマネジメントにつながっていることを意識する必要があると考えます。

そこで、ヒアリング調査の結果をまとめて、「センターのリスクマネジメントシステム」として図式化しました。ヒアリング調査から見える、どのセンターにも必ずある関わりが、リスクをキャッチするための関わりであることに着目してまとめています。

今後のセンターのリスクマネジメントシステム構築の意識付けの第一歩にお役立て頂ければと思います。

【センターのリスクマネジメントシステム】

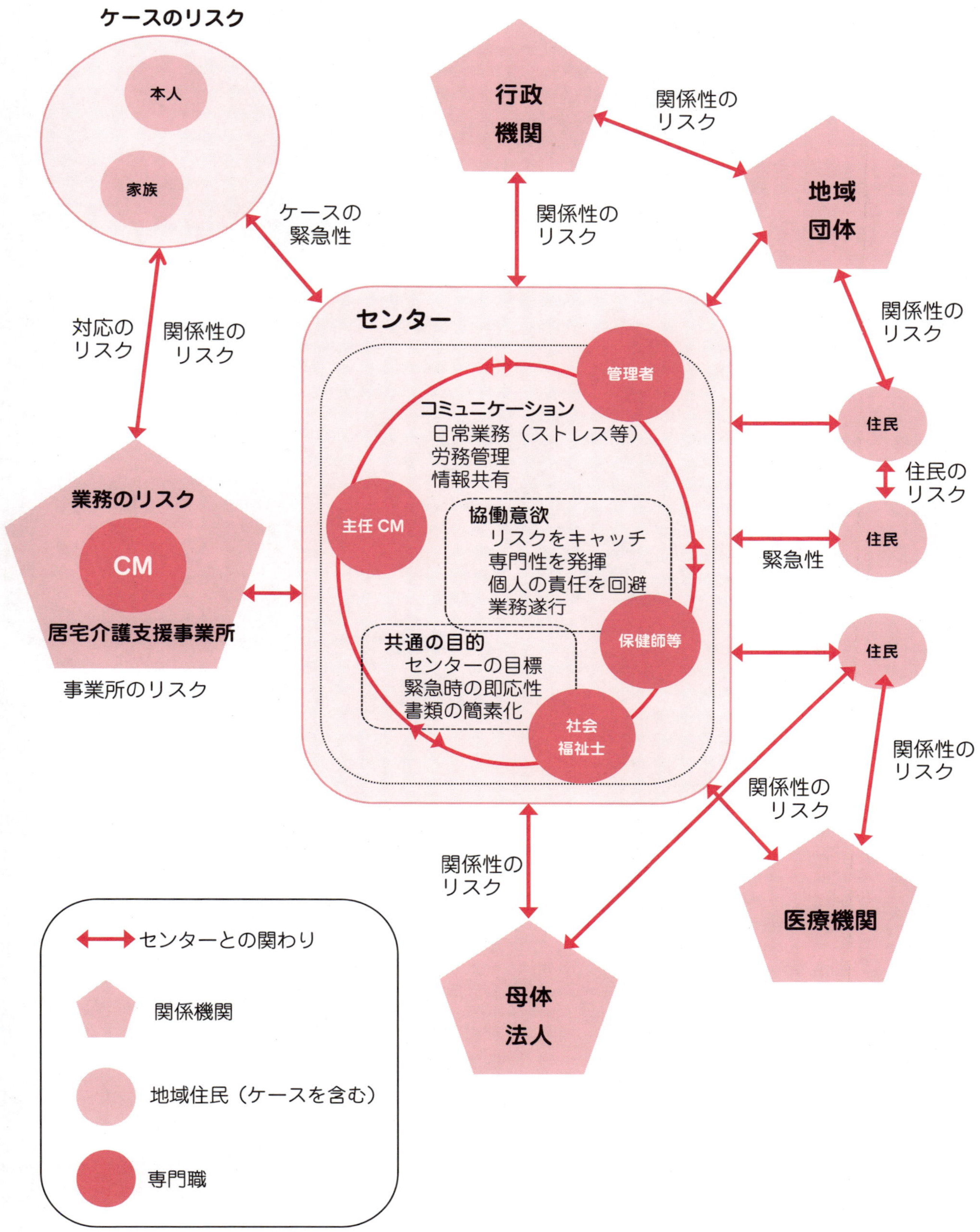

第2章
アンケート調査

Ⅰ　アンケート調査のあらまし

1　目的

2006年４月地域包括支援センターが創設され、介護保険法第115条45の５において包括的･継続的ケアマネジメント支援事業として、介護支援専門員へのサポートと包括的・継続的ケアマネジメントの環境整備を一体的に実施することが規定されました。2012年の介護保険制度改正では、関係者との連携が地域包括支援センターの努力義務として規定され、包括的・継続的ケアマネジメントの環境整備がより求められ、2015年の介護保険制度改正においても、地域包括支援センターの機能強化により、包括的・継続的ケアマネジメントの推進が求められています。

2006年４月の創設以降も依然として、介護保険未利用の利用者への継続した支援の断絶、心身状態が安定しないまま退院し地域に埋没する利用者、孤立死の問題等が表面化し、包括的・継続的ケアマネジメントへの取り組みの成果が見えてきません。また、ケアマネジメントの担い手である介護支援専門員のあり方が国レベルで検討される一方で、介護支援専門員への後方支援がどのように行われているか、地域包括支援センターの主任介護支援専門員を取り巻く環境も明らかになっていません。

そこで、本調査は、地域包括支援センターの管理者（センター長）と主任介護支援専門員、地域包括支援センターを所管する自治体の両面から包括的・継続的ケアマネジメントに関する取り組みの実態を明らかにし、その環境整備について検討することを目的として実施しました。

本調査の結果は以下の通りです。

2　調査時期

2013年３月14日～2013年６月４日

3　調査対象及び調査手法

都内の地域包括支援センター・在宅介護支援センター（ブランチ、サブセンターも含む）の管理者及び主任介護支援専門員（管理者が主任介護支援専門員の場合の調査票も用意）、区市町村の地域包括支援センター担当部署に調査票を送付しました。調査票を郵送し、回答を郵送で返信してもらいました。なお、倫理的配慮として、調査を依頼する際に文書にて調査目的を明確にするとともに、プライバシーが明らかになることはない旨を説明しました。

4　調査票の配布状況

（１）地域包括支援センター　372箇所　在宅介護支援センター等　99箇所

（２）区市町村地域包括支援センター担当部署　　62区市町村

5　回収状況

（1）地域包括支援センター・在宅介護支援センター等　182箇所（38.6%）
283名
うち、管理者　113名
うち、主任介護支援専門員の管理者　113名
うち、管理者以外の主任介護支援専門員　69名

（2）区市町村地域包括支援センター担当部署　33箇所（53.2%）

6　共同研究について

本調査はルーテル学院大学大学院社会福祉学研究室「ケアマネジメント研究会」と共同で実施しました。ルーテル学院大学研究倫理委員会の承認を得て、調査結果を研究に使用（論文や学会発表等にて報告する予定）致します。統計データだけを使用し、個人は特定されることがないよう倫理的配慮を行っています。

コラム「協働ってなんだろう？！」

ケアマネジャーからの相談には、３職種が互いの専門性を活かして協働していくことが求められています。アンケート結果から「センター内で協働する」について包括的・継続的ケアマネジメント支援委員会のメンバーでディスカッションしたものをまとめました。

違う専門職の視点からの意見をもらい支援方針をたてることも協働

何を協働するかを考えたとき、専門性の違いを尊重して一緒に話してみると「専門性が違うっていいな」と思えるかもしれません。社会福祉士の人は「看護師さんとしてどう思う？」という言葉を頭につけてそれぞれの専門性から聞いてみると良いかもしれません。

居宅のケアマネジャーとの協働とセンター内の協働は同じ意味？

ケアマネジャーはセンターと協働したいと思っているでしょうか？ケアマネジメントのチームにセンターは入っているでしょうか？ ケアマネジャーはセンターに話をしただけで「協働したよね」って思っているかも知れません。「社会資源を活用する」の社会資源にセンターは入っていないかも知れません。センターは何ができるかをアピールしていくことも必要ではないでしょうか。センター、ケアマネジャーの両方が協働を共通言語にするために、「一緒に対応する」「利用する」「担保する」「活用する」等々、協働の意味合いを一緒に考える機会があると良いですね。

センターと居宅をつなぐ協働

主任ケアマネジャーには地域の課題を把握することが求められていますが、そのためにセンターと居宅の主任ケアマネジャーがつながることが必要になってきます。つながることは主任ケアマネジャーの役割となります。それがセンターと居宅の協働の第一歩になるかも知れません。

積み上げるための土台づくり

「協働する際には地域の社会資源を知っておくこと」そのためには協働の土台になる情報、知識が必要になります。センターの立ち位置はもちろん、相手の立ち位置もわかっていないと、上手い関わり方ができないことがあります。また、地域文化としての礼儀やルールなど、協働を行う前段階として、踏まえて、整えておくべきことがありそうです。「相手を知ること」や「相手の力量を図る目利き」も重要になります。

Ⅱ　アンケート調査結果

1　回答者の基本属性

（1）センター種別（N=283）

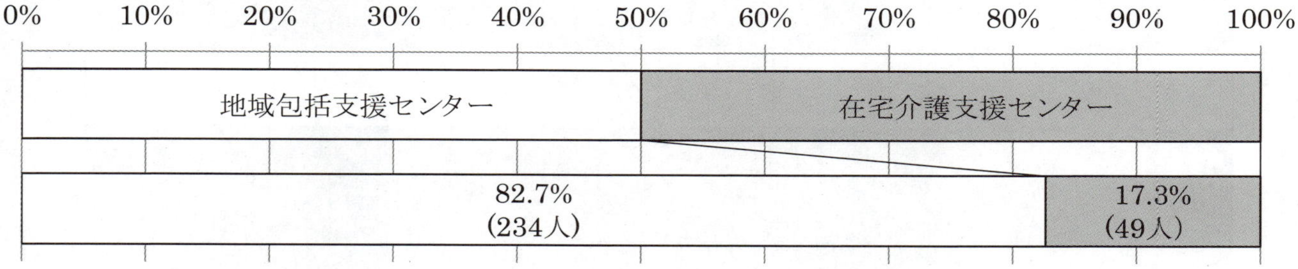

回答者は、地域包括支援センターが234人（82．7%）、在宅介護支援センターが49人（17．3%）で、全体の４分の３が地域包括支援センターの回答でした。

（2）センターの運営法人（N=283）

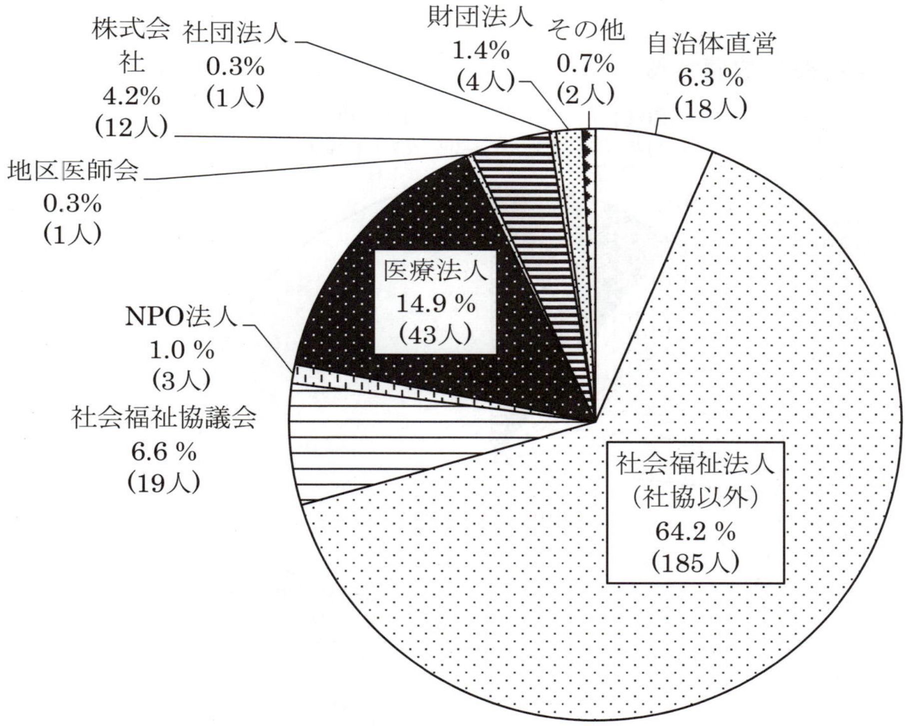

回答者のセンターの運営法人は、社会福祉法人が185人（64.2%）、医療法人が43人（14.9%）、社会福祉協議会が19人（6.6%）の順で多く、自治体直営は18人（6.3%）でした。約95%が委託のセンターという状況になっています。

（3）センターの所在地（N=283）数値＝%

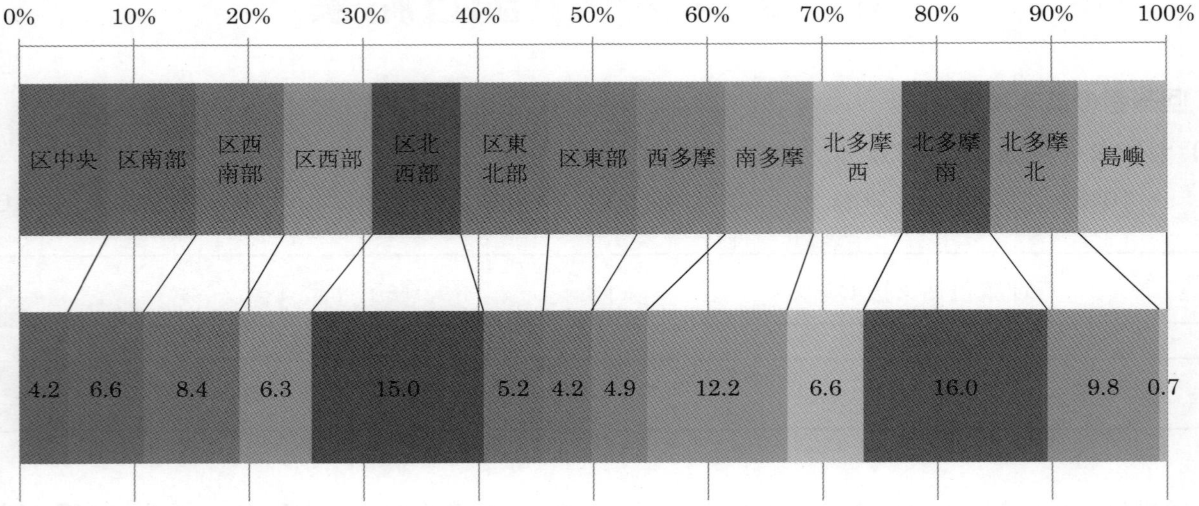

センターの所在地は「北多摩南」や「区北西部」が多く、それぞれで全体の約15%を占めています。

（4）センターの設立年度（N=283）数値＝%

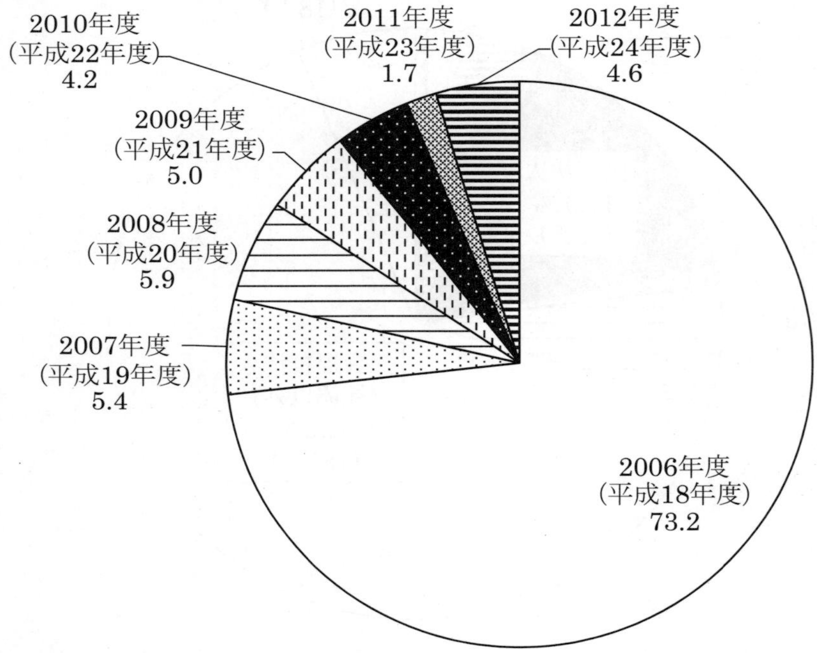

センターの設立年度は、2006年当初からが約７割（73.2%）、それ以降が約３割（26.8%）になっています。

（５）回答者種別（N=283）

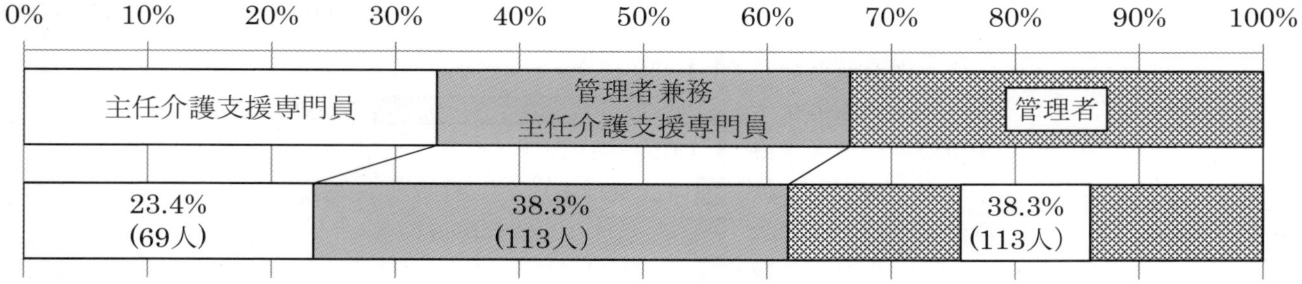

アンケートの回答者は、管理者を兼務した主任介護支援専門員と管理者が同じ割合（113人，38.3％）で、それぞれで全体の約４割を占め、約２割が管理者以外の主任介護支援専門員でした。

（６）回答者の性別（N=283）

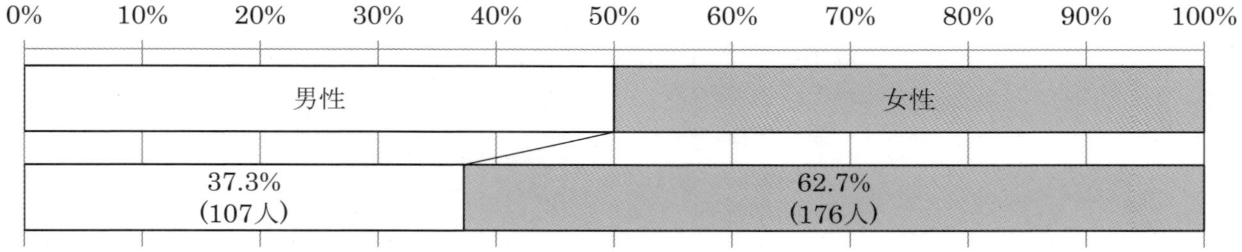

回答者の性別は女性が176人（62.7％）、男性が107人（37.3％）で、女性が約６割、男性が約４割になっています。

（７）回答者の年齢（N=283）

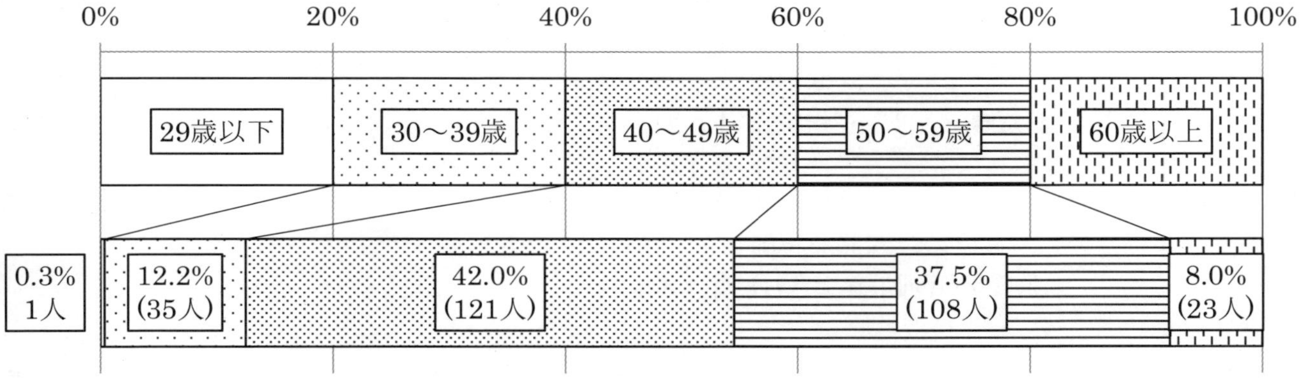

回答者の年齢は「40～49歳」が最も多く121人（42.0％）、次いで「50～59歳」が108人（37.5％）となりました。40代～50代で全体の約８割を占める結果になっています。

（８）回答者の保有資格（N=283）

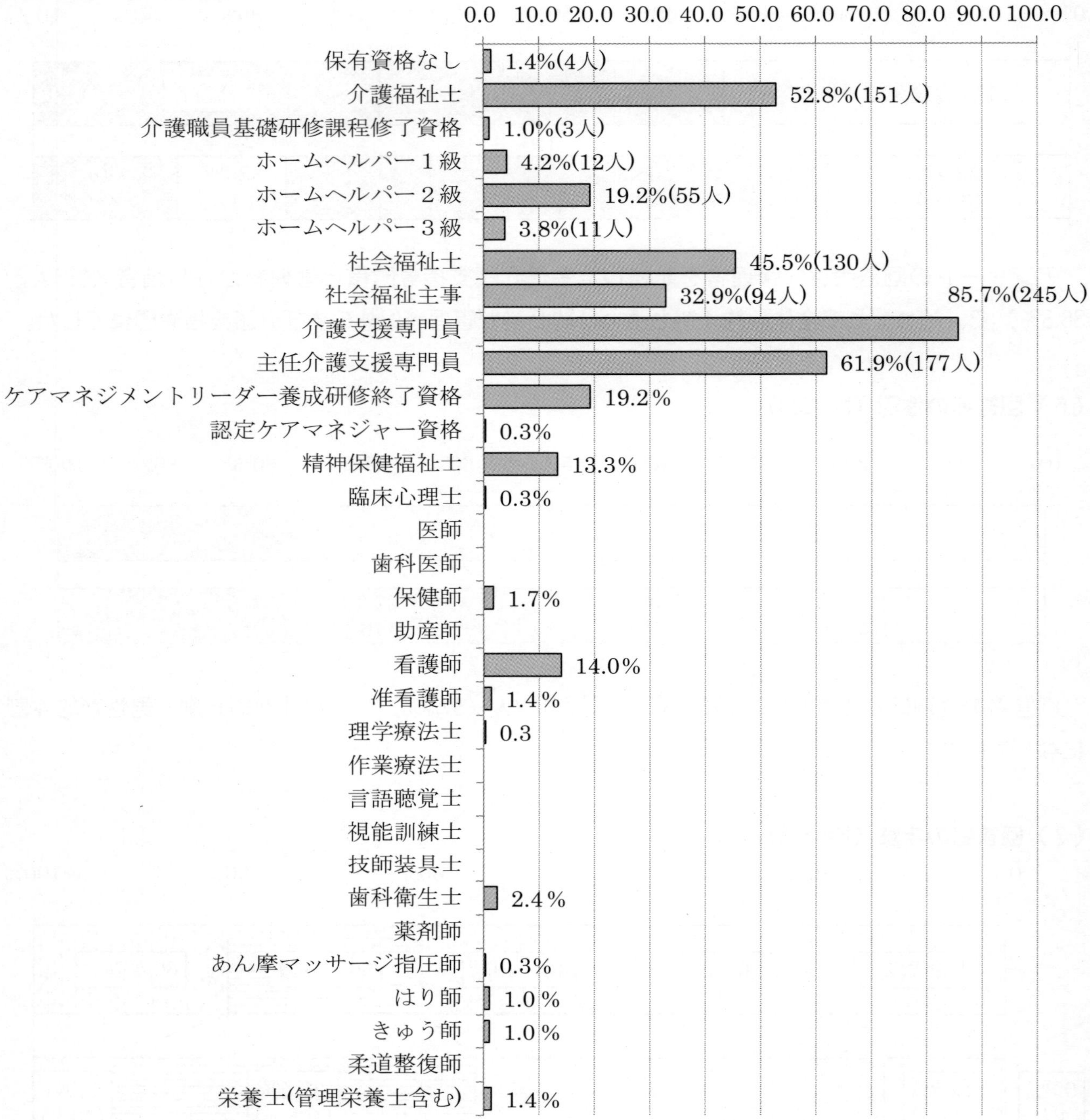

回答者の保有資格について、「介護支援専門員」や「主任介護支援専門員」を除外すると、介護福祉士が151人（52.8%）、社会福祉士が130人（45.5%）で、介護・福祉職系の資格が多くありました。

（９）回答者種別ごとの保有資格（N=283） 数値＝％

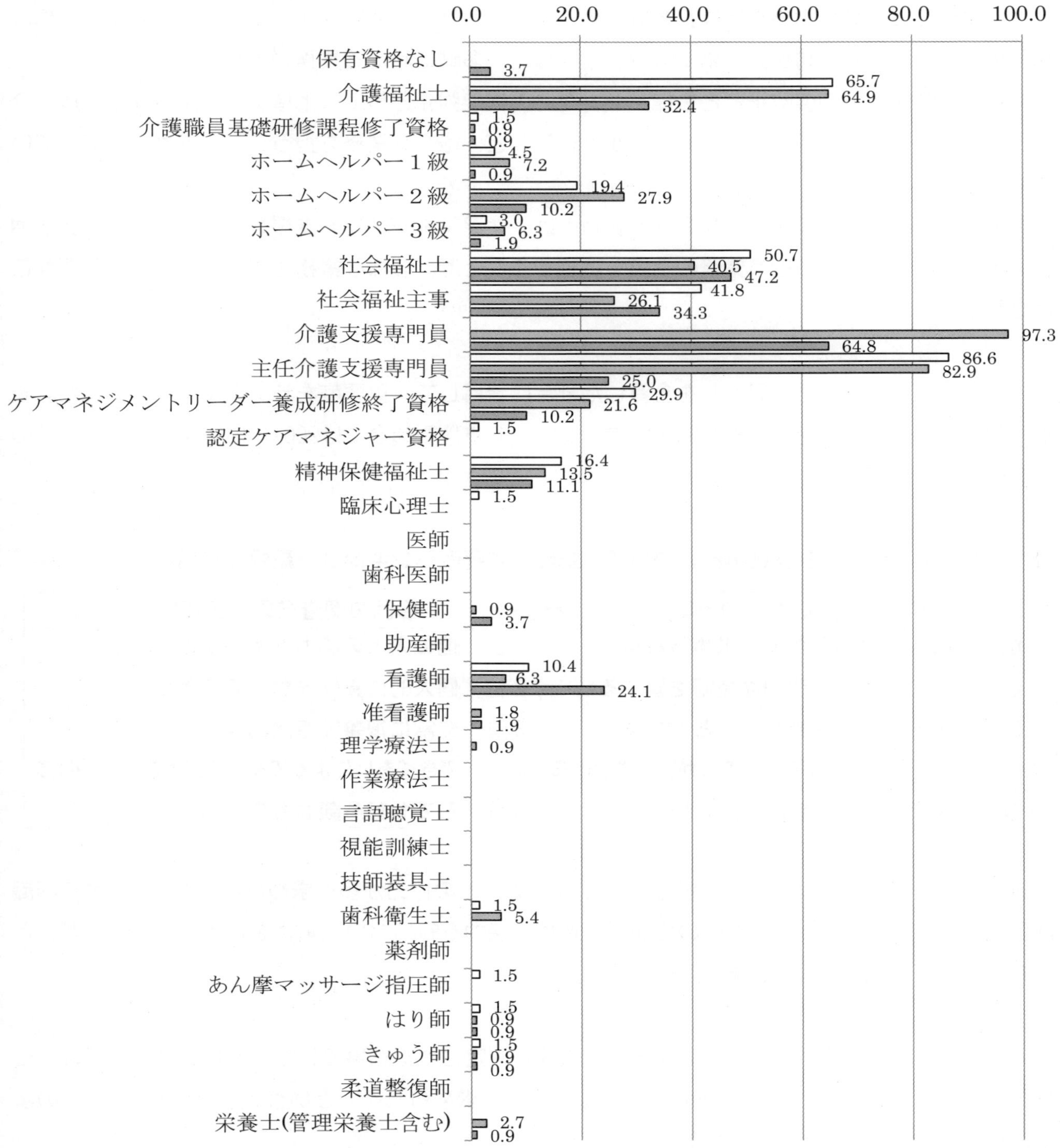

回答者別の保有資格の結果です。回答者によって保有資格が異なることがわかります。介護支援専門員の他に、介護福祉士や社会福祉士、看護師の資格を取得している割合が高くなっています。

2　センター内での職員間の連携・協力の必要性

センターでは、総合相談支援業務をはじめとして、包括的・継続的ケアマネジメント支援業務、権利擁護業務、介護予防ケアマネジメント業務など、多岐にわたる業務が行われています。

そして、介護保険制度改正とともに、センターの機能強化として、地域ケア会議や在宅医療・介護連携、生活支援・介護予防の充実、認知症対策など、様々な業務を担うことが求められてきています。

そのような状況を踏まえ、アンケート調査では、ケアマネジメント支援業務についての認識を調査しました。センターで行う業務の認識を調査することで、多様な業務を遂行する上で、重要なことを明らかにしました。

「いつも思う」「時々そう思う」を合算した割合に着目して、重要度をランキングにしました。また、同様の調査を、包括的・継続的ケアマネジメント支援委員会では2007年に実施しており、その調査結果との比較も行いました。

表1　ケアマネジメント支援業務についての認識（重要度ランキング－重要度が高い順）

前回の調査結果（2007年）	→ 今回の調査結果（2013年）
1位　他の人との協力が多く求められる	1位　他の人との協力が多く求められる
2位　非常に複雑で専門的な技術を要する	2位　個人的に責任を感じることがある
3位　個人的に責任を感じることがある	3位　非常に複雑で専門的な技術を要する
4位　できぐあいによって多くの人が影響を受ける	4位　できぐあいによって多くの人が影響を受ける
5位　うまくできたか判断が難しい	5位　とても有意義なものである

前回の2007年の調査から６年が経過しても、「他の人との協力が多く求められる」という業務認識は変わりませんでした。センターの職員間で連携・協力を行いつつ、業務を行っていくことが、とても重要なことが示されています。

アンケート調査は、ケアマネジメント支援業務に限定された結果でしたが、ヒアリングでは、センターの様々な業務において「他の人との協力が多く求められる」という状況に対して、「どのように対応しているか」という話が数多くありました。

センターの業務を行う上では、センター内での職員間の連携・協力は不可欠だと考えられます。今後も、様々な業務が増え、業務量の増加が想定されますが、それらの業務を職員間で協働して、どのように遂行するかを考えていくことが重要になります。

図表1　ケアマネジメント支援業務についての認識－平成25年　（N=283）数字＝％

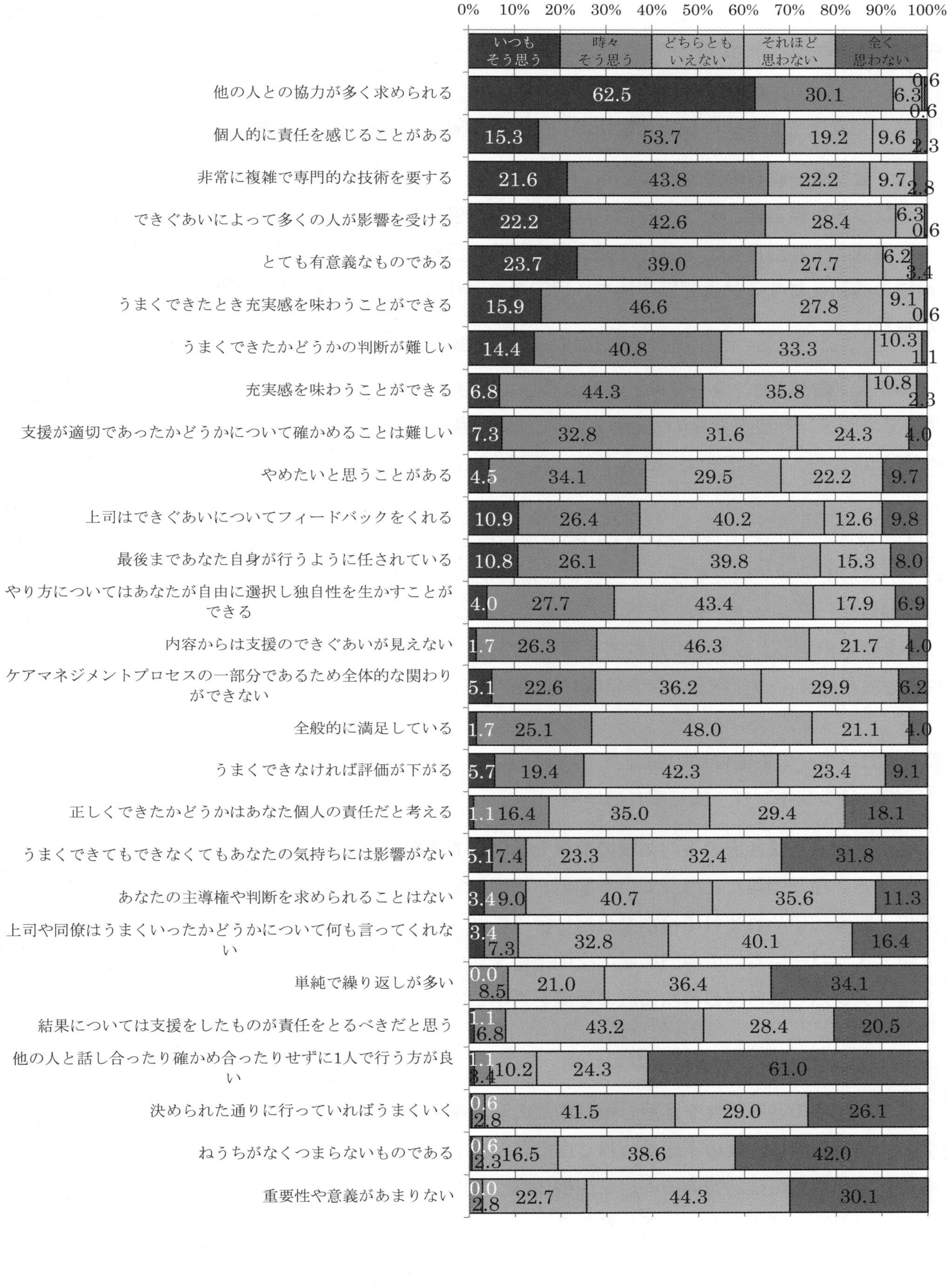

3　地域包括支援センターの協働体制の特徴

センターの業務では、３職種をはじめとするセンターの職員全員がチームで対応することが求められています。

「地域包括支援センターの設置運営について」厚労省通知：平成28年１月19日より抜粋

> **（5）　センター職員の連携について**
>
> **センターの職員は、センターにおける各業務を適切に実施するため、組織マネジメントを通じて、保健師・社会福祉士・主任介護支援専門員の三職種をはじめとするセンターの職員全員が、地域の課題に対する共通認識を持ち、目的を共有化し、連携及び協力して業務を実施しなければならない。**

しかし、実際はセンターでは、どのような協働が行われているのでしょうか。アンケート調査で、ケアマネジメント支援業務の協働体制の実態を数量的に調べてみました。（図表２）調査では、福山（2005）のソーシャルワーカーのための「業務行動のチェックリスト」を援用しています。

「いつもやっている」「時々やっている」を合算した割合（実施率）に着目して、センターで行われている協働の実施頻度をランキングにしました。

各地域のヒアリングでも、職員間で情報を共有したり、困難だと思っていることを確認し合ったり、役割分担をしたり、様々な取組を行っていることが確認できました。アンケート調査でも、それらを裏付けるような協働体制の特徴が出てきました。

表２　センターの協働体制の特徴

実施頻度ランキング－実施率が高い順

１位	メンバーは各自の専門領域の情報を活用して援助すること
２位	各職種が困難だと思っている事柄を確認し合うこと
３位	職種間でそれぞれの役割を分担し合うこと
４位	メンバーは各自の専門領域の援助技術を活用して援助すること
５位	メンバーは各自の専門領域の理論を活用して援助すること

実施頻度ランキング－実施率が低い順

１位	３職種の各専門性を活用し援助期間の決定をすること
２位	専門領域の理論の不足を点検し合うこと
３位	専門領域の援助技術の不足を点検し合うこと
４位	各職種の不満をキャッチし合うこと
５位	３職種の各専門性を活用し援助目的や援助計画を立てること

図表２　ケアマネジメント支援の協働体制の実態　（N=283）数字＝％

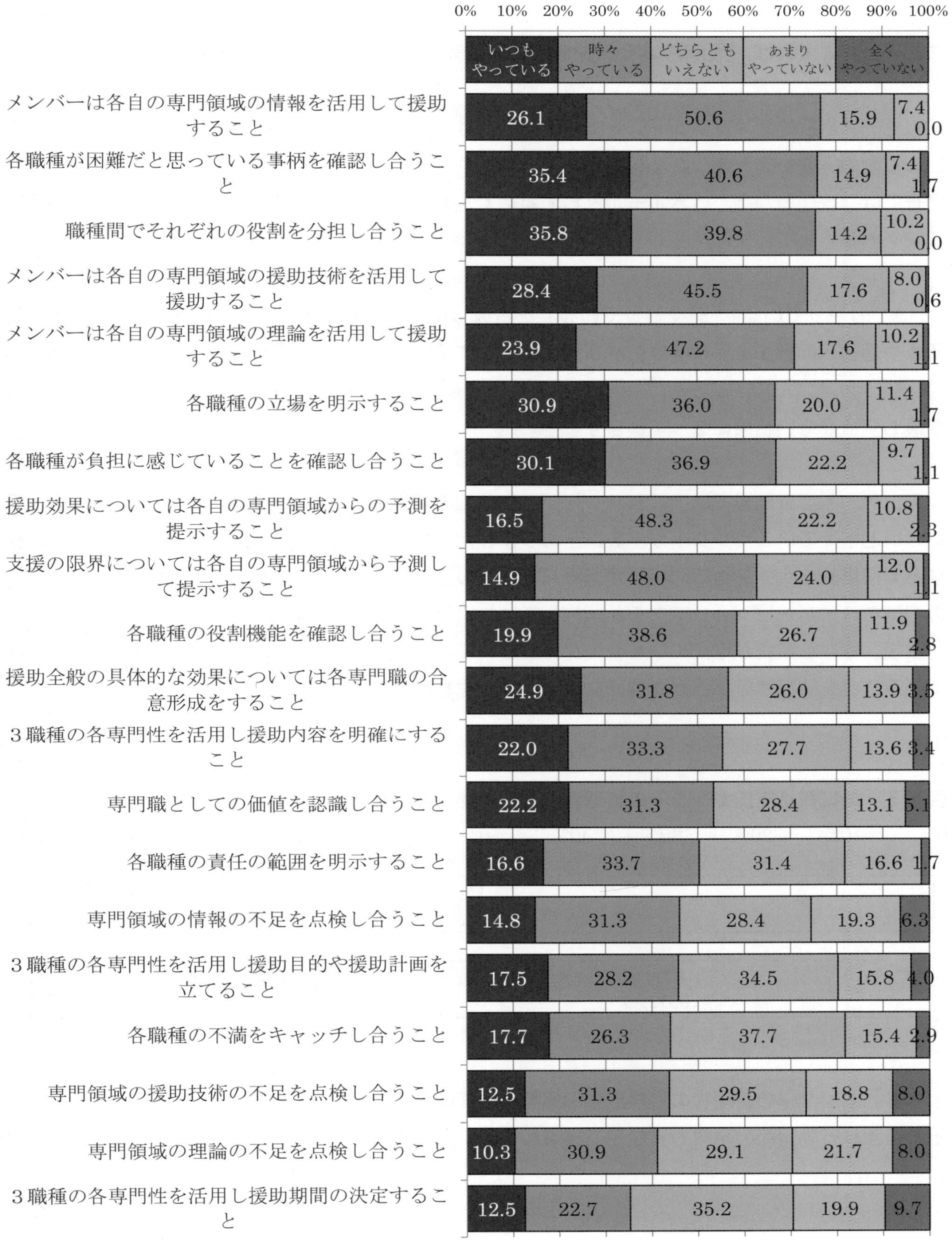

4　地域包括支援センターの管理者の役割とは

センターの管理者には、どのような役割があるのでしょうか？『地域包括支援センター運営マニュアル』によれば、「組織マネジメント」や「政策マネジメント」などが挙げられています。

包括的・継続的ケアマネジメント支援委員会では、アンケート調査で、都内の管理者が果たしている役割の実態を調べました。（図表４）
調査では、管理者が行うべきルールとして組織で定められている「行動規範」について、その実施状況をお聞きしています。

「いつもやっている」「時々やっている」を合算した割合に着目すると、「職能団体等が実施する研修や活動への参加を保障する」や「利用者に対する中立公平性を保証する」が最も割合が高く、「業務遂行のためのスーパービジョン体制を整備する」、「業務範囲についての説明責任を規定する」が最も割合が低い結果になっています。

アンケート調査結果では、スーパービジョン体制の整備がどちらともいえないを含めるとやっていないと考えているセンターが半数以上ありました。しかし、ヒアリング調査では、ミーティングなどで日常的にケース対応の相談が行われていました。自分たちのセンターで行われているケースの相談をスーパービジョンであると認識していない可能性が考えられます。

今後、様々な業務が増えていくセンターにおいて、業務遂行のためのスーパービジョンが行われていることを認識することが重要になってくると思われます。

図表３　地域包括支援センターの管理者の勤務形態　（N=283）

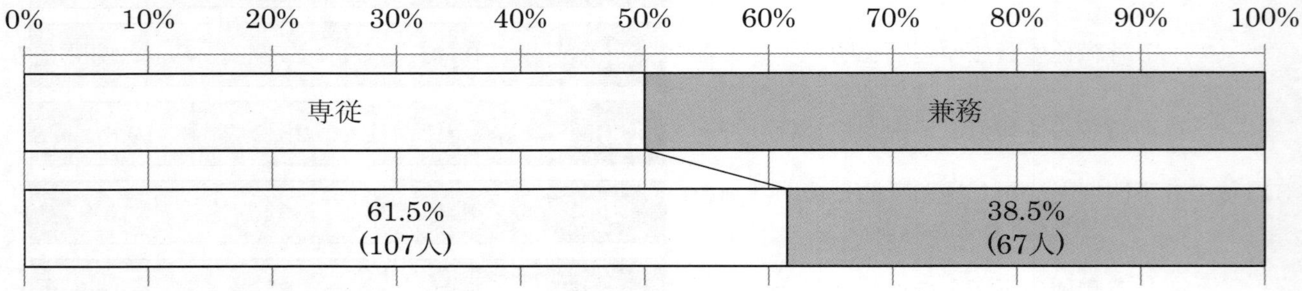

なお、センターの管理者の勤務形態の実態としては、専従が約６割、兼務が４割になっており、それにより行動規範の結果も異なっていました。

図表4　地域包括支援センターの管理者の行動規範　（N=283）数字＝％

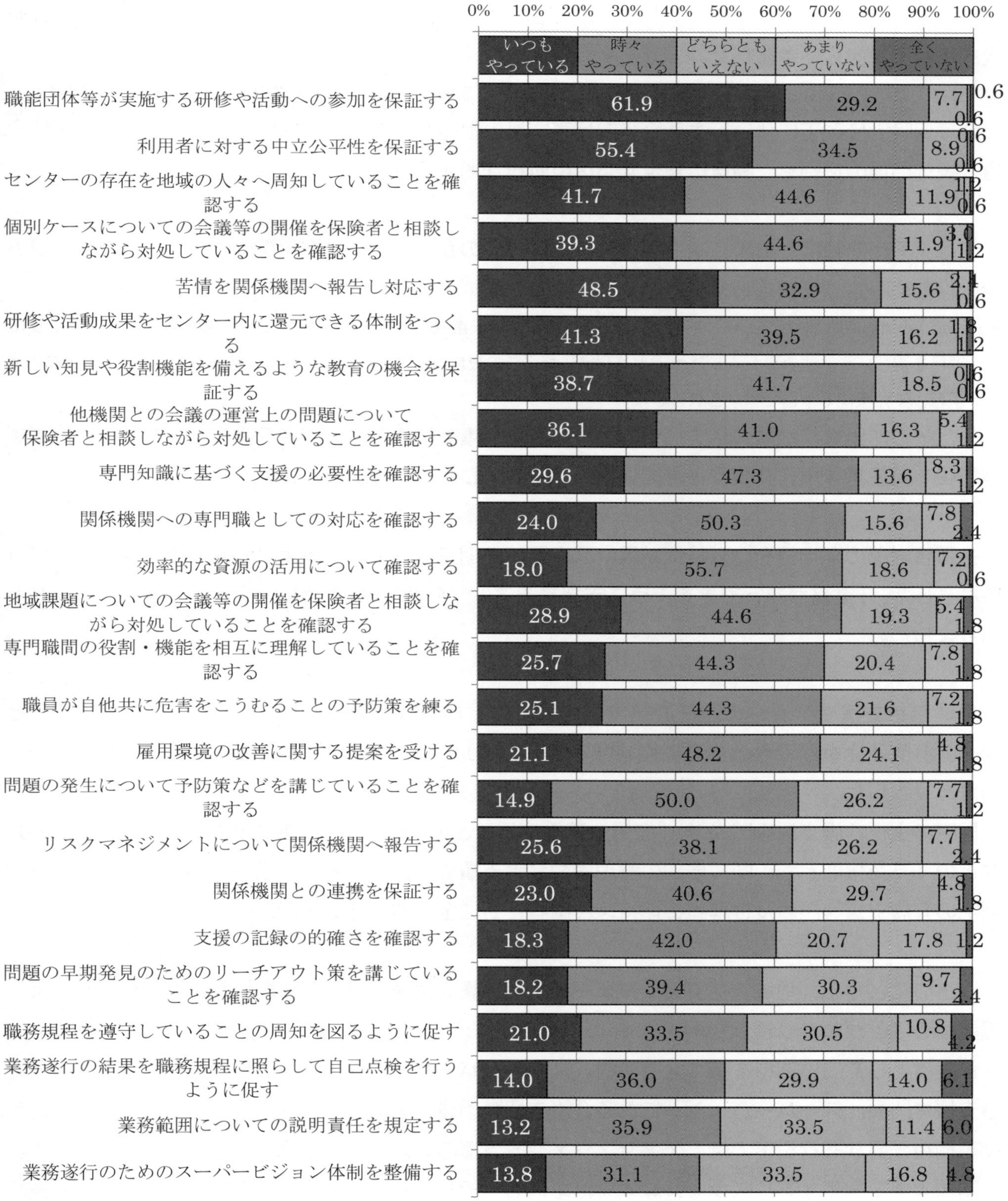

5　地域包括支援センターの主任介護支援専門員に期待する役割とは

包括的・継続的ケアマネジメント支援委員会では、主任介護支援専門員の役割について、調査研究を重ねて検討してきました。

※　参考：東京都社会福祉協議会『介護支援専門員と共に行う 包括的・継続的ケアマネジメント』（平成22年３月）

介護保険制度改正に伴い、主任介護支援専門員の取得や更新のあり方が見直されました。主任介護支援専門員の役割を、独自に規定する区市町村が増えてきています。

では、区市町村はどのような役割を期待しているのか。居宅介護支援専門員へのスーパービジョンの役割に限定して調査しました。

※　Kadushin作成の18項目のスーパービジョン機能の認知度尺度（1984：日本語版：FUKUYAMA，K．1999）より18項目を選び、５件法の律カードスケールで測定した。この尺度は、スーパービジョンの管理機能６項目、教育機能６項目、支持機能６項目で構成される。

またその結果を、地域包括支援センターの主任介護支援専門員や居宅介護支援事業所の介護支援専門員・管理者・主任介護支援専門員の４者に調査した過去の結果と比較しました。（図表５）

各調査対象の平均値を比較した結果、区市町村の期待は、他の４者よりも全般的に高い傾向がみられました。「業務が遂行できるように支援すること（4.36)」のように、突出して期待する役割もありました。

地域包括支援センターの主任介護支援専門員は、「業務の段取りができるように支援すること(2.46)」や「仕事ができるように励ますこと（4.19)」のように、他よりも顕著に傾向が違う役割がありました。

居宅の主任介護支援専門員は、「立場を尊重すること（4.12)」や「大変さをねぎらうこと（3.60)」などの「支持機能」が、同じ居宅の管理者や介護支援専門員よりも高い傾向がみられました。一方、居宅の介護支援専門員及び理者の期待は、両者ともに全般的に低い傾向がみられました。

以上のことから、地域包括支援センターの主任介護支援専門員への役割期待が、それぞれによって異なることがわかりました。

保険者として高い期待を持つ区市町村。スーパーバイザーの立場になる地域包括と居宅の主任介護支援専門員。スーパーバイジーになる介護支援専門員。組織内のスーパーバイザーになる管理者。役割期待が異なる状況下では、ケアマネジメント支援のミスマッチが発生する可能性があります。

関係者間で発生するリスクを軽減するためにも、それぞれの立場の認識をすりあわせて、共通認識が持てるようにしていくことが必要になります。

図表5　地域包括支援センターの主任介護支援専門員に期待する役割（平均値比較）

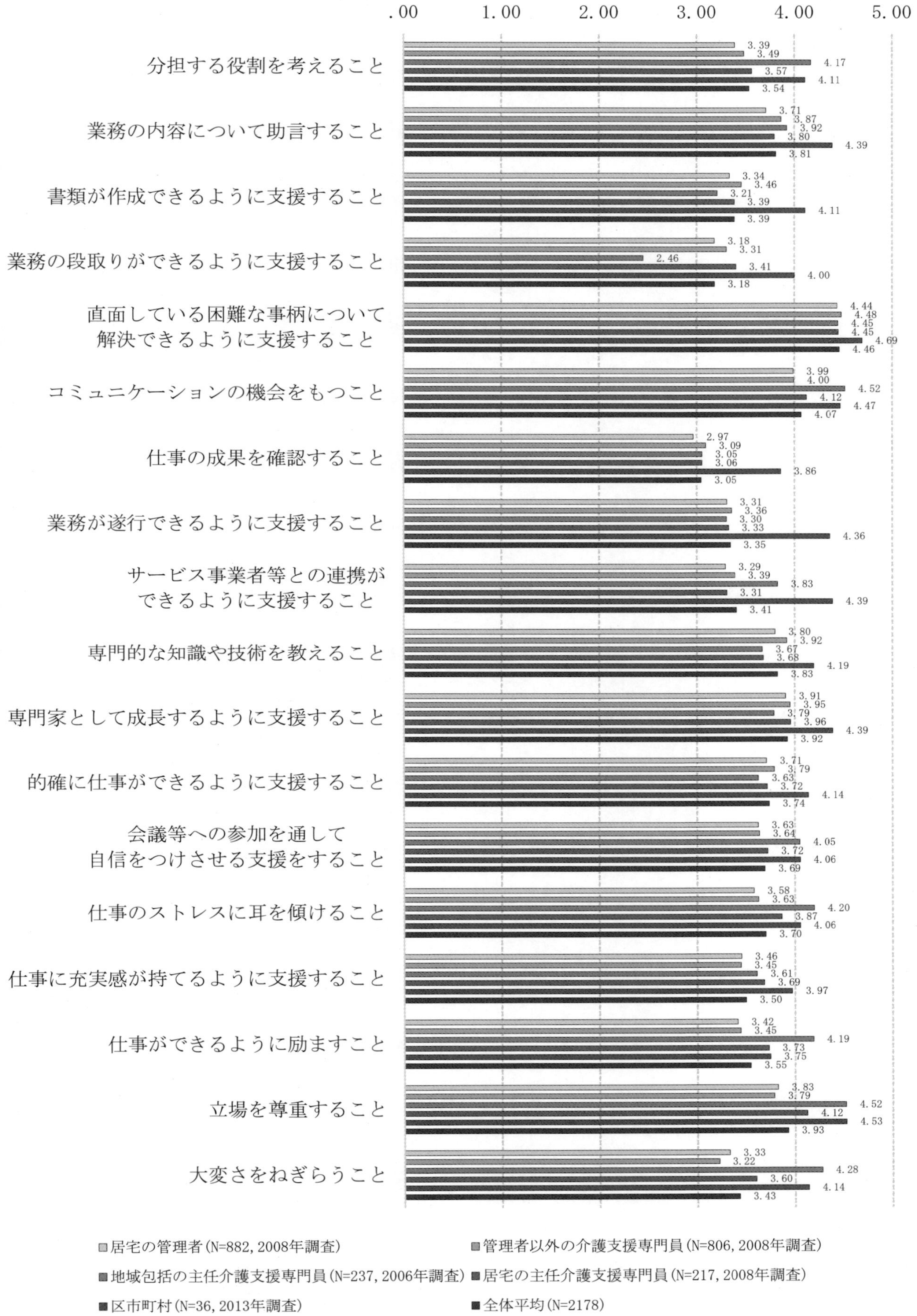

選択肢カテゴリ：1.全く必要だと思わない，2.それほど必要だと思わない，3.どちらともいえない，4.時々必要だと思う，5.いつも必要だと思う

資料編

1　アンケート調査票

センターの管理者（センター長）用（C-1）

主任介護支援専門員、保健師等、社会福祉士の３職種が必置の地域包括支援センターには様々な業務が課せられています。どの業務であっても専門職が一人で担えるものではなく、センター全体で取り組まなければならないものばかりです。
そこで本調査では、センター内の職員の業務遂行のために、センターの管理者（センター長）としての管理業務がどのように実施されているかについての実態を明らかにしたいと考えました。

第１部　センターの管理者（センター長）として

問１　平成 24 年４月から現在までの間に、意識して行った取り組みについて１から５の選択肢のうち、当てはまる番号を１つ選んで○をつけて下さい。

問１　センターの管理者（センター長）の職員に対する取り組み

	センターの管理者（センター長）として ⬇ 職員に対して	全くやっていない	あまりやっていない	どちらともいえない	時々やっている	いつもやっている
1	専門知識に基づく支援の必要性を確認する	1	2	3	4	5
2	支援の記録の的確さを確認する	1	2	3	4	5
3	関係機関への専門職としての対応を確認する	1	2	3	4	5
4	関係機関との連携を保証する	1	2	3	4	5
5	専門職間の役割・機能を相互に理解していることを確認する	1	2	3	4	5
6	問題の早期発見のためのリーチアウト策を講じていることを確認する	1	2	3	4	5
7	問題の発生について予防策などを講じていることを確認する	1	2	3	4	5
8	効率的な資源の活用について確認する	1	2	3	4	5
9	業務範囲についての説明責任を規定する	1	2	3	4	5
10	業務遂行のためのスーパービジョン体制を整備する	1	2	3	4	5
11	職員が自他共に危害をこうむることの予防策を練る	1	2	3	4	5
12	苦情を関係機関へ報告し対応する	1	2	3	4	5
13	リスクマネジメントについて関係機関へ報告する	1	2	3	4	5
14	利用者に対する中立公平性を保証する	1	2	3	4	5
15	雇用環境の改善に関する提案を受ける	1	2	3	4	5
16	職能団体等が実施する研修や活動への参加を保証する	1	2	3	4	5
17	研修や活動成果をセンター内に還元できる体制をつくる	1	2	3	4	5
18	新しい知見や役割機能を備えるような教育の機会を保証する	1	2	3	4	5
19	業務遂行の結果を職務規程に照らして自己点検を行うように促す	1	2	3	4	5
20	職務規程を遵守していることの周知を図るように促す	1	2	3	4	5
21	センターの存在を地域の人々へ周知していることを確認する	1	2	3	4	5
22	他機関との会議の運営上の問題について保険者と相談しながら対処していることを確認する	1	2	3	4	5
23	個別ケースについての会議等の開催を保険者と相談しながら対処していることを確認する	1	2	3	4	5
24	地域課題についての会議等の開催を保険者と相談しながら対処していることを確認する	1	2	3	4	5

センターの管理者（センター長）用（C-2）

**問２　センターの管理者（センター長）としてのセンターの職員への関わり方についてお答え下さい。
回答は１から５の選択肢のうち、当てはまる番号を１つ選んで○をつけて下さい。**

問２　センターの管理者（センター長）と職員との関係

	センターの管理者（センター長）として ⬇ 職員に対して	全くやっていない	あまりやっていない	どちらともいえない	時々やっている	いつもやっている
1	大変さをねぎらうこと	1	2	3	4	5
2	立場を尊重すること	1	2	3	4	5
3	仕事ができるように励ますこと	1	2	3	4	5
4	仕事に充実感を持てるように支援すること	1	2	3	4	5
5	仕事のストレスに耳を傾けること	1	2	3	4	5
6	会議等への参加を通して自信をつけさせる支援をすること	1	2	3	4	5
7	的確に仕事ができるように支援すること	1	2	3	4	5
8	専門家として成長できるように支援すること	1	2	3	4	5
9	専門的な知識や技術を教えること	1	2	3	4	5
10	サービス事業者等と連携できるように支援すること	1	2	3	4	5
11	業務が遂行できるように支援すること	1	2	3	4	5
12	仕事の成果を確認すること	1	2	3	4	5
13	コミュニケーションの機会をもつこと	1	2	3	4	5
14	直面している困難な事柄を解決できるように支援すること	1	2	3	4	5
15	業務の段取りができるように支援すること	1	2	3	4	5
16	書類が作成できるように支援をすること	1	2	3	4	5
17	業務の内容について助言すること	1	2	3	4	5
18	分担する役割を考えること	1	2	3	4	5

センターの管理者（センター長）用（C-3）

第２部　あなたの所属するセンターについて

問１　センターの種別について、該当する番号に○をつけて下さい。

1.　地域包括支援センター	2.　在宅介護支援センター等　(注1)

（注1）この設問における「在宅介護支援センター等」とは、老人福祉法上の「老人介護支援センター（在宅介支援センター）」及び「サブセンター（地域包括支援センターの支所）」、「ブランチ（地域包括支援センターにつなぐための『窓口』）」を指します。「サブセンター」と「ブランチ」の定義は東京都の定義を用いています。

問２　センターの運営主体について、該当する番号に○をつけて下さい。

1.　自治体直営	7.　株式会社
2.　社会福祉法人（社会福祉協議会を除く）	8.　社団法人（医療法人・地区医師会を除く）
3.　社会福祉協議会	9.　財団法人（医療法人を除く）
4.　NPO 法人	10.　その他（下記の回答欄に記入して下さい） （回答欄：　　　　　　　　　）
5.　医療法人（社団・財団の医療法人を含む）	
6.　地区医師会	

問３　センターの所在地の圏域(注2)について、該当する番号に○をつけて下さい。

	圏域名	区市町村名
1	区中央	千代田区、中央区、港区、文京区、台東区
2	区南部	品川区、大田区
3	区西南部	目黒区、世田谷区、渋谷区
4	区西部	新宿区、中野区、杉並区
5	区西北部	豊島区、北区、板橋区、練馬区
6	区東北部	荒川区、足立区、葛飾区
7	区東部	墨田区、江東区、江戸川区
8	西多摩	青梅市、福生市、羽村市、あきる野市、瑞穂町、日の出町、檜原村、奥多摩町
9	南多摩	八王子市、町田市、日野市、多摩市、稲城市
10	北多摩西	立川市、昭島市、国分寺市、国立市、東大和市、武蔵村山市
11	北多摩南	武蔵野市、三鷹市、府中市、調布市、小金井市、狛江市
12	北多摩北	小平市、東村山市、清瀬市、東久留米市、西東京市
13	島嶼	大島町、利島村、新島村、神津島村、三宅村、御蔵島村、八丈町、青ヶ島村、小笠原村

（注2）圏域は東京都の「第５期高齢者保健福祉計画」で設定された「老人保健福祉圏域」及び「二次保健医療圏」です。

問４　センターの職員数(注3)についてお答え下さい。（2013 年３月１日現在）

職種		職員数内訳（在職年数別）(注4)(注5)			
		1年未満	1〜3年未満	3〜5年未満	5年以上
1	主任介護支援専門員	人	人	人	人
2	社会福祉士	人	人	人	人
3	保健師	人	人	人	人
4	看護師	人	人	人	人
5	介護支援専門員	人	人	人	人
6	その他	人	人	人	人

（注3）「雇用形態（正規職員、正規職員以外の常勤、非常勤・パートタイム）」に関係なく、センターに勤務する職員数を「実人数（実際の人数）」でお答え下さい。
（注4）有資格者ではなく、職名者数でご記入下さい。
（注5）地域包括支援センターに在職してからの年数をお答え下さい。在宅介護支援センター等の場合、在宅介護支援センター等に在職してからの年数をお答え下さい。

センターの管理者（センター長）用（C-4）

問５　センターの設置年度について、該当する番号に○をつけて下さい。

1.　平成１８年度（2006 年度）	5.　平成２２年度（2010 年度）
2.　平成１９年度（2007 年度）	6.　平成２３年度（2011 年度）
3.　平成２０年度（2008 年度）	7.　平成２４年度（2012 年度）
4.　平成２１年度（2009 年度）	

在宅介護支援センター等(注1)の場合は設置年度をお答え下さい。　　　　年度

第３部　あなた自身について

問１　性別をお答え下さい。

1.　男性	2.　女性

問２　年齢をお答え下さい。

1．29 歳以下	2．30〜39 歳	3．40〜49 歳	4．50〜59 歳	5．60 歳以上

問３　あなたの保有資格について、該当する番号に○をつけて下さい。
（2013 年３月１日現在）

1. 保有資格なし	13. 精神保健福祉士	27. 薬剤師
2. 介護福祉士	14. 臨床心理士	28. あん摩マッサージ指圧師
3. 介護職員基礎研修課程修了資格	15. 医師	29. はり師
	16. 歯科医師	30. きゅう師
4. ホームヘルパー１級	17. 保健師	31. 柔道整復師
5. ホームヘルパー２級	18. 助産師	32. 栄養士(管理栄養士含む)
6. ホームヘルパー３級	19. 看護師	
7. 社会福祉士	20. 准看護師	
8. 社会福祉主事	21. 理学療法士	
9. 介護支援専門員	22. 作業療法士	
10. 主任介護支援専門員	23. 言語聴覚士	
11. ケアマネジメントリーダー養成研修修了資格	24. 視能訓練士	
	25. 技師装具士	
12. 認定ケアマネジャー資格	26. 歯科衛生士	

問４　所属組織及び所属センターでの勤続年数についてお答え下さい。（2013 年３月１日現在）

1. 所属する組織での勤続年数	年　　ヵ月
2. 所属するセンターのセンター長の勤続年数	年　　ヵ月

問５　センターの管理者（センター長）としての勤務形態についてお答え下さい。
（2013 年３月１日現在）

1. 専従（センター専従の管理者）	2. 兼務（組織内他事業と兼務の管理者）

問６　あなたの上司はいますか？
「いる」場合はその保有資格を記入して下さい。

1. いる（　保有資格　　　　　　）	2. いない

→ 問７をお答え下さい　　→ どんな上司であってほしいかを問７でお答え下さい

センターの管理者（センター長）用（C-5）

問７　あなたと上司との関わり方についてお答え下さい。
回答は１から５の選択肢のうち、当てはまる番号を１つ選んで○をつけて下さい。
＊上司がいない場合は、どんな上司であってほしいかを想定してご記入下さい。

問７　あなたと上司との関係

	上司は → あなたに対して	全くやっていない	あまりやっていない	どちらともいえない	時々やっている	いつもやっている
1	業務が遂行できるように支援すること	1	2	3	4	5
2	仕事の成果を確認すること	1	2	3	4	5
3	コミュニケーションの機会をもつこと	1	2	3	4	5
4	直面している困難な事柄を解決できるように支援すること	1	2	3	4	5
5	業務の段取りができるように支援すること	1	2	3	4	5
6	書類が作成できるように支援をすること	1	2	3	4	5
7	業務の内容について助言すること	1	2	3	4	5
8	分担する役割を考えること	1	2	3	4	5
9	大変さをねぎらうこと	1	2	3	4	5
10	立場を尊重すること	1	2	3	4	5
11	仕事ができるように励ますこと	1	2	3	4	5
12	仕事に充実感を持てるように支援すること	1	2	3	4	5
13	仕事のストレスに耳を傾けること	1	2	3	4	5
14	会議等への参加を通して自信をつけさせる支援をすること	1	2	3	4	5
15	的確に仕事ができるように支援すること	1	2	3	4	5
16	専門家として成長できるように支援すること	1	2	3	4	5
17	専門的な知識や技術を教えること	1	2	3	4	5
18	サービス事業者等と連携できるように支援すること	1	2	3	4	5

問８　最後に第１部から第３部の設問を踏まえて、センターの管理者（センター長）としてケアマネジメント支援をするために必要なセンター内外の環境整備（特に必要な社会基盤整備）は何だと考えますか？具体的にその内容を記入して下さい。

質問は以上です。調査にご協力いただきありがとうございました。
ご回答いただいた調査票は、同封の返信用の封筒に入れ平成２５年３月29日（金）までに投函して下さい。よろしくお願い申し上げます。

センター長＆主任介護支援専門員用（CC-1）

包括的・継続的ケアマネジメント支援業務とは、地域の高齢者が住み慣れた地域で暮らすことができるよう、主治医、介護支援専門員との多職種協働と、地域の関係機関との連携により、包括的・継続的ケアマネジメントを実現するための後方支援を行うものです（注1）。
そこで本調査では包括的・継続的ケアマネジメント支援業務の実態を把握するために、貴センターのケアマネジメント支援に焦点をあてて伺います。

（注1）『地域包括支援センター運営マニュアル2012（平成24年3月）』p143.

第1部　ケアマネジメント支援（注2）業務について

（注2）第1部の設問におけるケアマネジメント支援とは、介護支援専門員への①相談窓口、②困難事例への対応、③質の向上のための支援、④ケアプラン作成指導等を通じたケアマネジメント指導、⑤各種社会資源の情報提供、⑥専門的知識の提供、⑦ケアプランの趣旨に基づいてサービス提供されるよう居宅サービス事業所等への研修等の働きかけ、⑧精神的支援、⑨サービス担当者会議開催支援の9項目と規定します。

問1　あなたのセンターの種別について、当てはまるもの1つに○をつけて下さい。

1.　地域包括支援センター	2.　在宅介護支援センター等（注3）

（注3）この設問における「在宅介護支援センター等」とは、老人福祉法上の「老人介護支援センター（在宅介支援センター）」及び「サブセンター（地域包括支援センターの支所）」、「ブランチ（地域包括支援センターにつなぐための『窓口』）」を指します。「サブセンター」と「ブランチ」の定義は東京都の定義を用いています。

問2　センター内でケアマネジメント支援業務を遂行するための協働体制について、1から5の選択肢のうち当てはまる番号を1つ選んで○をつけて下さい。

問2　センター内の協働体制について

	センター内の協働体制とは	全くやっていない	あまりやっていない	どちらともいえない	時々やっている	いつもやっている
1	各職種の立場を明示すること	1	2	3	4	5
2	各職種の責任の範囲を明示すること	1	2	3	4	5
3	職種間でそれぞれの役割を分担し合うこと	1	2	3	4	5
4	3職種の各専門性を活用し援助目的や援助計画を立てること	1	2	3	4	5
5	3職種の各専門性を活用し援助期間の決定すること	1	2	3	4	5
6	3職種の各専門性を活用し援助内容を明確にすること	1	2	3	4	5
7	援助全般の具体的な効果については各専門職の合意形成をすること	1	2	3	4	5
8	メンバーは各自の専門領域の理論を活用して援助すること	1	2	3	4	5
9	メンバーは各自の専門領域の援助技術を活用して援助すること	1	2	3	4	5
10	メンバーは各自の専門領域の情報を活用して援助すること	1	2	3	4	5
11	援助効果については各自の専門領域からの予測を提示すること	1	2	3	4	5
12	支援の限界については各自の専門領域から予測して提示すること	1	2	3	4	5
13	専門領域の理論の不足を点検し合うこと	1	2	3	4	5
14	専門領域の援助技術の不足を点検し合うこと	1	2	3	4	5
15	専門領域の情報の不足を点検し合うこと	1	2	3	4	5
16	専門職としての価値を認識し合うこと	1	2	3	4	5
17	各職種が困難だと思っている事柄を確認し合うこと	1	2	3	4	5
18	各職種が負担に感じていることを確認し合うこと	1	2	3	4	5
19	各職種の不満をキャッチし合うこと	1	2	3	4	5
20	各職種の役割機能を確認し合うこと	1	2	3	4	5

センター長＆主任介護支援専門員用（CC-2）

問3　主任介護支援専門員のあなたが考えるケアマネジメント支援業務について、1から5の選択肢のうち当てはまると思われる番号を1つ選んで○をつけて下さい。

問3　ケアマネジメント支援業務について

	ケアマネジメント支援業務は	まったく思わない	それほど思わない	どちらともいえない	時々そう思う	いつもそう思う
1	とても有意義なものである	1	2	3	4	5
2	個人的に責任を感じることがある	1	2	3	4	5
3	ケアマネジメントプロセスの一部分であるため全体的な関わりができない	1	2	3	4	5
4	決められた通りに行っていればうまくいく	1	2	3	4	5
5	単純で繰り返しが多い	1	2	3	4	5
6	他の人と話し合ったり確かめ合ったりせずに1人で行う方が良い	1	2	3	4	5
7	充実感を味わうことができる	1	2	3	4	5
8	できぐあいによって多くの人が影響を受ける	1	2	3	4	5
9	あなたの主導権や判断を求められることはない	1	2	3	4	5
10	上司はできぐあいについてフィードバックをくれる	1	2	3	4	5
11	最後まであなた自身が行うように任されている	1	2	3	4	5
12	内容からは支援のできぐあいが見えない	1	2	3	4	5
13	重要性や意義があまりない	1	2	3	4	5
14	支援が適切であったかどうかについて確かめることは難しい	1	2	3	4	5
15	うまくできなければ評価が下がる	1	2	3	4	5
16	うまくできたとき充実感を味わうことができる	1	2	3	4	5
17	全般的に満足している	1	2	3	4	5
18	ねうちがなくつまらないものである	1	2	3	4	5
19	非常に複雑で専門的な技術を要する	1	2	3	4	5
20	他の人との協力が多く求められる	1	2	3	4	5
21	やめたいと思うことがある	1	2	3	4	5
22	うまくできたかどうかの判断が難しい	1	2	3	4	5
23	結果については支援をしたものが責任をとるべきだと思う	1	2	3	4	5
24	やり方についてはあなたが自由に選択し独自性を生かすことができる	1	2	3	4	5
25	うまくできてもできなくてもあなたの気持ちには影響がない	1	2	3	4	5
26	上司や同僚はうまくいったかどうかについて何も言ってくれない	1	2	3	4	5
27	正しくできたかどうかはあなた個人の責任だと考える	1	2	3	4	5

センター長＆主任介護支援専門員用（CC-3）

問４　ケアマネジメント支援業務における「センターの主任介護支援専門員と居宅介護支援事業所の介護支援専門員」との関わり方についてお答え下さい。回答は１から５の選択肢のうち、当てはまる番号を１つ選んで○をつけて下さい。

問４　センターの主任介護支援専門員と居宅介護支援事業所の介護支援専門員との関係

	センターの主任介護支援専門員として ↓ 居宅の介護支援専門員に対して	全くやっていない	あまりやっていない	どちらともいえない	時々やっている	いつもやっている
1	大変さをねぎらうこと	1	2	3	4	5
2	立場を尊重すること	1	2	3	4	5
3	仕事ができるように励ますこと	1	2	3	4	5
4	仕事に充実感を持てるように支援すること	1	2	3	4	5
5	仕事のストレスに耳を傾けること	1	2	3	4	5
6	会議等への参加を通して自信をつけさせる支援をすること	1	2	3	4	5
7	的確に仕事ができるように支援すること	1	2	3	4	5
8	専門家として成長できるように支援すること	1	2	3	4	5
9	専門的な知識や技術を教えること	1	2	3	4	5
10	サービス事業者等と連携できるように支援すること	1	2	3	4	5
11	業務が遂行できるように支援すること	1	2	3	4	5
12	仕事の成果を確認すること	1	2	3	4	5
13	コミュニケーションの機会をもつこと	1	2	3	4	5
14	直面している困難な事柄を解決できるように支援すること	1	2	3	4	5
15	業務の段取りができるように支援すること	1	2	3	4	5
16	書類が作成できるように支援をすること	1	2	3	4	5
17	業務の内容について助言すること	1	2	3	4	5
18	分担する役割を考えること	1	2	3	4	5

センター長＆主任介護支援専門員用（CC-4）

第２部では、貴センターのケアマネジメント支援の実態を明らかにしたいと考えました。そこで、2006年（平成１８年）４月以降（注４）に、貴センターが他機関と協働して行ったケアマネジメント支援のうち、最も成果を上げたと思われる取り組みをひとつ思い浮かべて詳細にお答え下さい。

（注４）2006年(平成１８年)４月以前の取り組みのうち、現在まで継続して取り組んでいる事柄を含みます。

第２部　ケアマネジメント支援に関する取り組みについて

問１　最も成果を上げた取り組みの内容を簡潔に下記にご記入下さい。

例示：平成18年度から定期的に介護支援専門員と病院のMSWが一堂に会する場を設けている。

問２　その取り組みのきっかけとなった事柄をお答え下さい。

例示：介護支援専門員から入院中の利用者の退院支援をするときに、病院のMSWとどう連携すれば良いか分からないとの声があった。

問３　その取り組みの実施に際して、どのような目標を立てましたか？具体的にお答え下さい。

例示：介護支援専門員が病院との連携がスムーズにできるようになる。

センター長＆主任介護支援専門員用（CC-5）

問４　最も成果を上げたその取り組みに関わった連携先（構成メンバー）に該当するものに○をつけ、連携先が果たしたと思われる機能を１から６の選択肢の中から選び、その番号を記入して下さい。（複数選択可）

《選択肢》

１．サポート（心理的な励まし、支え）
２．スーパービジョン（業務遂行上の責任を共有し、指示、指導をする）
３．コンサルテーション（助言をする）　　４．ネットワーキング（関係を調整する、協働する）
５．実態やニーズを把握する　　６．１～５以外の機能

最も成果を上げた取り組み

センター関連

連携先に○		選択肢の番号
地域包括支援センター職員		
在宅介護支援センター等の職員		
地域包括支援センター運営協議会の委員		

自治体関連

連携先に○		選択肢の番号
介護保険担当部署の職員		
高齢者福祉担当部署の職員		
生活保護担当部署の職員		
障害者福祉担当部署の職員		
上記以外の自治体職員		

保健所等

連携先に○		選択肢の番号
保健所・保健センターの保健師等		
精神保健福祉センターの保健師等		

医療関連

連携先に○		選択肢の番号
医師会から選任された医師		
歯科医師会から選任された医師		
上記以外の医師		
病院・診療所の関係者（MSW、看護師等）		
薬剤師会から選任された薬剤師		
上記以外の薬剤師		

権利擁護関連

連携先に○		選択肢の番号
権利擁護センター（社協以外）の職員		
成年後見センター（社協以外）の職員		
成年後見人等候補者の推薦団体の職員		

本人関係者

連携先に○		選択肢の番号
（個別ケースの）本人・家族		

その他の連携先

具体的に

介護サービス事業者関連

連携先に○		選択肢の番号
居宅介護支援事業所の介護支援専門員		
福祉施設の職員		
上記以外の介護サービス事業所の職員		

地域団体関連

連携先に○		選択肢の番号
自治会・町内会の関係者（会長等）		
民生委員		
住民の自主活動グループの関係者		
ボランティア団体のボランティア		
上記以外の地域の関係者		

企業

連携先に○		選択肢の番号
商店街（商店、コンビニエンスストア等）		
金融機関（銀行・郵便局等）		

社協関連

連携先に○		選択肢の番号
社協の権利擁護部門の職員		
社協のボランティア部門の職員		
上記以外の社協の職員		

職能団体

連携先に○		選択肢の番号
介護支援専門員の職能団体		
上記以外の専門職の職能団体		

公的機関等

連携先に○		選択肢の番号
警察署・交番の警察官		
消防署の職員		
消費者（生活）センターの職員		

その他

連携先に○		選択肢の番号
不動産及び公営住宅等の住宅関係者		
弁護士・司法書士		

センター長＆主任介護支援専門員用（CC-6）

問５　その取り組みで成果を上げたこととは何ですか？具体的にお答え下さい。
例示：介護支援専門員と病院のMSWとの連携がスムーズにできるようになった。病院から介護支援専門員に関する問い合わせが少なくなった。

問６　その取り組みでは、問３でお答え頂いた「目標」はどれくらい達成されましたか？100％を上限として数字でお答え下さい。

％

問７　その取り組みではどのような実態・ニーズを把握しましたか？具体的にお答え下さい。
例示：医師と話をすることが苦手な介護支援専門員が多い。介護支援専門員と医師との間に共通の言語が必要だった。

問８　その取り組みが発展するために必要と考える事項は何ですか？具体的にお答え下さい。
例示：医療機関と連携し退院支援のための統一のフォーマットなどの仕組みを作る。

問９　貴センターとしては、最も成果を上げているその取り組みを、地域ケア会議（注５）として位置付けていますか？当てはまる番号に○をつけて下さい。

（注５）この設問における「地域ケア会議」とは、「地域包括支援センターの設置運営について（平成18年10月18日付厚労省老健局計画・振興・老人保健課長通知平成24年３月30日一部改正）に定める地域ケア会議を指します。具体的には、「個別のケース検討等を通じ、①個々の高齢者の実態把握・課題解決を推進する多職種協働による地域包括支援ネットワークの構築、②多種多様な専門職の第三者的視点によるケアマネジャー等へのケアマネジメント支援（自立支援に資するケアマネジメントの推進）、③個別ケースの課題分析等を行うことによる地域課題の把握を目的として設置される会議体」のことをいいます。

１．位置づけている	２．位置づけていない

問10　第１部、第２部の設問を踏まえて、貴センターとしてケアマネジメント支援をするために必要なセンター内外の環境整備（特に必要な社会基盤整備）は何だと考えますか？具体的にその内容を記入して下さい。

センター長＆主任介護支援専門員用（CC-7）

主任介護支援専門員、保健師等、社会福祉士の３職種が必置の地域包括支援センターには様々な業務が課せられています。どの業務であっても専門職が一人で担えるものではなく、センター全体で取り組まなければならないものばかりです。
そこでセンターの管理者（センター長）として、センター内の職員の業務遂行のための管理業務がどのように実施されているかについての実態を明らかにしたいと考えました。

第３部　センターの管理者（センター長）として

問１　平成 24 年４月から現在までの間に、意識して行った取り組みについて１から５の選択肢のうち、当てはまる番号を１つ選んで○をつけて下さい。

問１　センターの管理者（センター長）の職員に対する取り組み

	センターの管理者（センター長）として ⬇ 職員に対して	全くやっていない	あまりやっていない	どちらともいえない	時々やっている	いつもやっている
1	専門知識に基づく支援の必要性を確認する	1	2	3	4	5
2	支援の記録の的確さを確認する	1	2	3	4	5
3	関係機関への専門職としての対応を確認する	1	2	3	4	5
4	関係機関との連携を保証する	1	2	3	4	5
5	専門職間の役割・機能を相互に理解していることを確認する	1	2	3	4	5
6	問題の早期発見のためのリーチアウト策を講じていることを確認する	1	2	3	4	5
7	問題の発生について予防策などを講じていることを確認する	1	2	3	4	5
8	効率的な資源の活用について確認する	1	2	3	4	5
9	業務範囲についての説明責任を規定する	1	2	3	4	5
10	業務遂行のためのスーパービジョン体制を整備する	1	2	3	4	5
11	職員が自他共に危害をこうむることの予防策を練る	1	2	3	4	5
12	苦情を関係機関へ報告し対応する	1	2	3	4	5
13	リスクマネジメントについて関係機関へ報告する	1	2	3	4	5
14	利用者に対する中立公平性を保証する	1	2	3	4	5
15	雇用環境の改善に関する提案を受ける	1	2	3	4	5
16	職能団体等が実施する研修や活動への参加を保証する	1	2	3	4	5
17	研修や活動成果をセンター内に還元できる体制をつくる	1	2	3	4	5
18	新しい知見や役割機能を備えるような教育の機会を保証する	1	2	3	4	5
19	業務遂行の結果を職務規程に照らして自己点検を行うように促す	1	2	3	4	5
20	職務規程を遵守していることの周知を図るように促す	1	2	3	4	5
21	センターの存在を地域の人々へ周知していることを確認する	1	2	3	4	5
22	他機関との会議の運営上の問題について保険者と相談しながら対処していることを確認する	1	2	3	4	5
23	個別ケースについての会議等の開催を保険者と相談しながら対処していることを確認する	1	2	3	4	5
24	地域課題についての会議等の開催を保険者と相談しながら対処していることを確認する	1	2	3	4	5

センター長＆主任介護支援専門員用（CC-8）

問２　センターの管理者（センター長）としてのセンターの職員への関わり方についてお答え下さい。
回答は１から５の選択肢のうち、当てはまる番号を１つ選んで○をつけて下さい。

問２　センターの管理者（センター長）と職員との関係

	センターの管理者（センター長）として ⬇ 職員に対して	全くやっていない	あまりやっていない	どちらともいえない	時々やっている	いつもやっている
1	大変さをねぎらうこと	1	2	3	4	5
2	立場を尊重すること	1	2	3	4	5
3	仕事ができるように励ますこと	1	2	3	4	5
4	仕事に充実感を持てるように支援すること	1	2	3	4	5
5	仕事のストレスに耳を傾けること	1	2	3	4	5
6	会議等への参加を通して自信をつけさせる支援をすること	1	2	3	4	5
7	的確に仕事ができるように支援すること	1	2	3	4	5
8	専門家として成長できるように支援すること	1	2	3	4	5
9	専門的な知識や技術を教えること	1	2	3	4	5
10	サービス事業者等と連携できるように支援すること	1	2	3	4	5
11	業務が遂行できるように支援すること	1	2	3	4	5
12	仕事の成果を確認すること	1	2	3	4	5
13	コミュニケーションの機会をもつこと	1	2	3	4	5
14	直面している困難な事柄を解決できるように支援すること	1	2	3	4	5
15	業務の段取りができるように支援すること	1	2	3	4	5
16	書類が作成できるように支援をすること	1	2	3	4	5
17	業務の内容について助言すること	1	2	3	4	5
18	分担する役割を考えること	1	2	3	4	5

第４部　あなたの所属するセンターについて

問１　センターの運営主体について、当てはまるもの１つに○をつけて下さい。

1. 自治体直営	7. 株式会社
2. 社会福祉法人（社会福祉協議会を除く）	8. 社団法人（医療法人・地区医師会を除く）
3. 社会福祉協議会	9. 財団法人（医療法人を除く）
4. NPO 法人	10. その他（下記の回答欄に記入して下さい） （回答欄：　　　　　　　　）
5. 医療法人（社団・財団の医療法人を含む）	
6. 地区医師会	

問２　センターの所在地の圏域(注 6)について、当てはまる番号に○をつけて下さい。

	圏域名	区市町村名
1	区中央	千代田区、中央区、港区、文京区、台東区
2	区南部	品川区、大田区
3	区西南部	目黒区、世田谷区、渋谷区
4	区西部	新宿区、中野区、杉並区
5	区西北部	豊島区、北区、板橋区、練馬区
6	区東北部	荒川区、足立区、葛飾区
7	区東部	墨田区、江東区、江戸川区
8	西多摩	青梅市、福生市、羽村市、あきる野市、瑞穂町、日の出町、檜原村、奥多摩町
9	南多摩	八王子市、町田市、日野市、多摩市、稲城市
10	北多摩西	立川市、昭島市、国分寺市、国立市、東大和市、武蔵村山市
11	北多摩南	武蔵野市、三鷹市、府中市、調布市、小金井市、狛江市
12	北多摩北	小平市、東村山市、清瀬市、東久留米市、西東京市
13	島嶼	大島町、利島村、新島村、神津島村、三宅村、御蔵島村、八丈町、青ヶ島村、小笠原村

(注 6)圏域は東京都の「第５期高齢者保健福祉計画」で設定された「老人保健福祉圏域」及び「二次保健医療圏」です。

問３　センターの職員数（注 7）についてお答え下さい。（2013 年３月１日現在）

職種		職員数内訳（在職年数別）(注 8)(注 9)			
		１年未満	1〜3 年未満	3〜5 年未満	5 年以上
1	主任介護支援専門員	人	人	人	人
2	社会福祉士	人	人	人	人
3	保健師	人	人	人	人
4	看護師	人	人	人	人
5	介護支援専門員	人	人	人	人
6	その他	人	人	人	人

(注 7)「雇用形態（正規職員、正規職員以外の常勤、非常勤・パートタイム）」に関係なく、センターに勤務する職員数を「実人数（実際の人数）」でお答え下さい。
(注 8) 有資格者ではなく、職名者数でご記入下さい。
(注 9) 地域包括支援センターに在職してからの年数をお答え下さい。在宅介護支援センター等の場合、在宅介護支援センター等に在職してからの年数をお答え下さい。

問４　地域包括支援センターの設置年度について、当てはまるもの１つに○をつけて下さい。

1. 平成１８年度（2006 年度）	5. 平成２２年度（2010 年度）
2. 平成１９年度（2007 年度）	6. 平成２３年度（2011 年度）
3. 平成２０年度（2008 年度）	7. 平成２４年度（2012 年度）
4. 平成２１年度（2009 年度）	

在宅介護支援センター等（注 5）**の場合は設置年度をお答え下さい。**　　　年度

第５部　あなた自身について

問１　性別をお答え下さい。

1. 男性	2. 女性

問２　年齢をお答え下さい。

1．29 歳以下	2．30〜39 歳	3．40〜49 歳	4．50〜59 歳	5．60 歳以上

問３　あなたの介護支援専門員以外の保有資格について、当てはまるものすべてに○をつけて下さい。
（2013 年３月１日現在）

1. 保有資格なし	12. 精神保健福祉士	25. 歯科衛生士
2. 介護福祉士	13. 臨床心理士	26. 薬剤師
3. 介護職員基礎研修課程修了資格	14. 医師	27. あん摩マッサージ指圧師
	15. 歯科医師	28. はり師
4. ホームヘルパー１級	16. 保健師	29. きゅう師
5. ホームヘルパー２級	17. 助産師	30. 柔道整復師
6. ホームヘルパー３級	18. 看護師	31. 栄養士(管理栄養士含む)
7. 社会福祉士	19. 准看護師	
8. 社会福祉主事	20. 理学療法士	
9. 主任介護支援専門員	21. 作業療法士	
10. ケアマネジメントリーダー養成研修終了資格	22. 言語聴覚士	
	23. 視能訓練士	
11. 認定ケアマネジャー資格	24. 技師装具士	

問４　所属組織及び所属センターでの勤続年数についてお答え下さい。（2013 年３月１日現在）

1．所属する組織での勤続年数	年　　ヵ月
2．所属するセンターでの勤続年数	年　　ヵ月
3．介護支援専門員としての経験年数	年　　ヵ月
4．所属するセンターのセンター長としての勤続年数	年　　ヵ月
5．主任介護支援専門員の取得年	平成　　年

問５　センターの管理者（センター長）としての勤務形態についてお答え下さい。
（2013 年３月１日現在）

1. 専従（センター専従の管理者）	2. 兼務（組織内他事業と兼務の管理者）

センター長＆主任介護支援専門員用（CC-11）

問６　ケアマネジメント支援における「センターの管理者（センター長）とセンターの主任介護支援専門員との関わり方」についてお答え下さい。回答は１から５の選択肢のうち、当てはまる番号を１つ選んで○をつけて下さい。
＊センター長と主任介護支援専門員が別に配置されていることを想定してお答え下さい。

問６　センターの管理者（センター長）と主任介護支援専門員との関係

	センターの管理者（センター長）として ➡ 職員に対して	全くやっていない	あまりやっていない	どちらともいえない	時々やっている	いつもやっている
1	直面している困難な事柄を解決できるように支援すること	1	2	3	4	5
2	業務の内容について助言すること	1	2	3	4	5
3	仕事に充実感を持てるように支援すること	1	2	3	4	5
4	業務の段取りができるように支援すること	1	2	3	4	5
5	分担する役割を考えること	1	2	3	4	5
6	仕事ができるように励ますこと	1	2	3	4	5
7	書類が作成できるように支援をすること	1	2	3	4	5
8	業務が遂行できるように支援すること	1	2	3	4	5
9	サービス事業者等と連携できるように支援すること	1	2	3	4	5
10	大変さをねぎらうこと	1	2	3	4	5
11	専門家として成長できるように支援すること	1	2	3	4	5
12	立場を尊重すること	1	2	3	4	5
13	会議等への参加を通して自信をつけさせる支援をすること	1	2	3	4	5
14	仕事のストレスに耳を傾けること	1	2	3	4	5
15	仕事の成果を確認すること	1	2	3	4	5
16	コミュニケーションの機会をもつこと	1	2	3	4	5
17	的確に仕事ができるように支援すること	1	2	3	4	5
18	専門的な知識や技術を教えること	1	2	3	4	5

11

センター長＆主任介護支援専門員用（CC-12）

問７　あなたの上司はいますか？
「いる」場合はその保有資格を記入して下さい。

１. いる（　保有資格　　　　　　　　）２. いない

→ 問８をお答え下さい　　→ どんな上司であってほしいかを問８でお答え下さい

問８　あなたと上司との関わり方についてお答え下さい。
回答は１から５の選択肢のうち、当てはまる番号を１つ選んで○をつけて下さい。
＊上司がいない場合は、どんな上司であってほしいかを想定してご記入下さい。

問８　あなたと上司との関係

	上司は ➡ あなたに対して	全くやっていない	あまりやっていない	どちらともいえない	時々やっている	いつもやっている
1	業務が遂行できるように支援すること	1	2	3	4	5
2	仕事の成果を確認すること	1	2	3	4	5
3	コミュニケーションの機会をもつこと	1	2	3	4	5
4	直面している困難な事柄を解決できるように支援すること	1	2	3	4	5
5	業務の段取りができるように支援すること	1	2	3	4	5
6	書類が作成できるように支援をすること	1	2	3	4	5
7	業務の内容について助言すること	1	2	3	4	5
8	分担する役割を考えること	1	2	3	4	5
9	大変さをねぎらうこと	1	2	3	4	5
10	立場を尊重すること	1	2	3	4	5
11	仕事ができるように励ますこと	1	2	3	4	5
12	仕事に充実感を持てるように支援すること	1	2	3	4	5
13	仕事のストレスに耳を傾けること	1	2	3	4	5
14	会議等への参加を通して自信をつけさせる支援をすること	1	2	3	4	5
15	的確に仕事ができるように支援すること	1	2	3	4	5
16	専門家として成長できるように支援すること	1	2	3	4	5
17	専門的な知識や技術を教えること	1	2	3	4	5
18	サービス事業者等と連携できるように支援すること	1	2	3	4	5

質問は以上です。調査にご協力いただきありがとうございました。
ご回答いただいた調査票は、同封の返信用の封筒に入れ平成２５年３月29日（金）までに投函して下さい。よろしくお願い申し上げます。

12

主任介護支援専門員用（CM-1）

包括的・継続的ケアマネジメント支援業務とは、地域の高齢者が住み慣れた地域で暮らすことができるよう、主治医、介護支援専門員との多職種協働と、地域の関係機関との連携により、包括的・継続的ケアマネジメントを実現するための後方支援を行うものです（注1）。
そこで本調査では包括的・継続的ケアマネジメント支援業務の実態を把握するために、貴センターのケアマネジメント支援に焦点をあてて伺います。
（注1）『地域包括支援センター運営マニュアル2012（平成24年3月）』p143.

第1部　ケアマネジメント支援（注2）業務について

（注2）第1部の設問におけるケアマネジメント支援とは、介護支援専門員への①相談窓口、②困難事例への対応、③質の向上のための支援、④ケアプラン作成指導等を通じたケアマネジメント指導、⑤各種社会資源の情報提供、⑥専門的知識の提供、⑦ケアプランの趣旨に基づいてサービス提供されるよう居宅サービス事業所等への研修等の働きかけ、⑧精神的支援、⑨サービス担当者会議開催支援の9項目と規定します。

問1　あなたのセンターの種別について、当てはまるもの1つに○をつけて下さい。

1. 地域包括支援センター	2. 在宅介護支援センター等（注3）

（注3）この設問における「在宅介護支援センター等」とは、老人福祉法上の「老人介護支援センター（在宅介護支援センター）」及び「サブセンター（地域包括支援センターの支所）」、「ブランチ（地域包括支援センターにつなぐための『窓口』）」を指します。「サブセンター」と「ブランチ」の定義は東京都の定義を用いています。

問2　センター内でケアマネジメント支援業務を遂行するための協働体制について、1から5の選択肢のうち当てはまる番号を1つ選んで○をつけて下さい。

問2　センター内の協働体制について

	センター内の協働体制とは	全くやっていない	あまりやっていない	どちらともいえない	時々やっている	いつもやっている
1	各職種の立場を明示すること	1	2	3	4	5
2	各職種の責任の範囲を明示すること	1	2	3	4	5
3	職種間でそれぞれの役割を分担し合うこと	1	2	3	4	5
4	3職種の各専門性を活用し援助目的や援助計画を立てること	1	2	3	4	5
5	3職種の各専門性を活用し援助期間を決定すること	1	2	3	4	5
6	3職種の各専門性を活用し援助内容を明確にすること	1	2	3	4	5
7	援助全般の具体的な効果については各専門職の合意形成をすること	1	2	3	4	5
8	メンバーは各自の専門領域の理論を活用して援助すること	1	2	3	4	5
9	メンバーは各自の専門領域の援助技術を活用して援助すること	1	2	3	4	5
10	メンバーは各自の専門領域の情報を活用して援助すること	1	2	3	4	5
11	援助効果については各自の専門領域からの予測を提示すること	1	2	3	4	5
12	支援の限界については各自の専門領域から予測して提示すること	1	2	3	4	5
13	専門領域の理論の不足を点検し合うこと	1	2	3	4	5
14	専門領域の援助技術の不足を点検し合うこと	1	2	3	4	5
15	専門領域の情報の不足を点検し合うこと	1	2	3	4	5
16	専門職としての価値を認識し合うこと	1	2	3	4	5
17	各職種が困難だと思っている事柄を確認し合うこと	1	2	3	4	5
18	各職種が負担に感じていることを確認し合うこと	1	2	3	4	5
19	各職種の不満をキャッチし合うこと	1	2	3	4	5
20	各職種の役割機能を確認し合うこと	1	2	3	4	5

1

主任介護支援専門員用（CM-2）

問3　主任介護支援専門員のあなたが考えるケアマネジメント支援業務について、1から5の選択肢のうち当てはまると思われる番号を1つ選んで○をつけて下さい。

問3　ケアマネジメント支援業務について

	ケアマネジメント支援業務は	まったく思わない	それほど思わない	どちらともいえない	時々そう思う	いつもそう思う
1	他の人と話し合ったり確かめ合ったりせずに1人で行う方が良い	1	2	3	4	5
2	個人的に責任を感じることがある	1	2	3	4	5
3	上司はできぐあいについてフィードバックをくれる	1	2	3	4	5
4	決められた通りに行っていればうまくいく	1	2	3	4	5
5	単純で繰り返しが多い	1	2	3	4	5
6	とても有意義なものである	1	2	3	4	5
7	ケアマネジメントプロセスの一部分であるため全体的な関わりができない	1	2	3	4	5
8	充実感を味わうことができる	1	2	3	4	5
9	できぐあいによって多くの人が影響を受ける	1	2	3	4	5
10	あなたの主導権や判断を求められることはない	1	2	3	4	5
11	支援が適切であったかどうかについて確かめることは難しい	1	2	3	4	5
12	最後まであなた自身が行うように任されている	1	2	3	4	5
13	内容からは支援のできぐあいが見えない	1	2	3	4	5
14	重要性や意義があまりない	1	2	3	4	5
15	非常に複雑で専門的な技術を要する	1	2	3	4	5
16	うまくできなければ評価が下がる	1	2	3	4	5
17	全般的に満足している	1	2	3	4	5
18	ねうちがなくつまらないものである	1	2	3	4	5
19	うまくできたとき充実感を味わうことができる	1	2	3	4	5
20	他の人との協力が多く求められる	1	2	3	4	5
21	やめたいと思うことがある	1	2	3	4	5
22	うまくできたかどうかの判断が難しい	1	2	3	4	5
23	結果については支援をしたものが責任をとるべきだと思う	1	2	3	4	5
24	やり方についてはあなたが自由に選択し独自性を生かすことができる	1	2	3	4	5
25	うまくできてもできなくてもあなたの気持ちには影響がない	1	2	3	4	5
26	上司や同僚はうまくいったかどうかについて何も言ってくれない	1	2	3	4	5
27	正しくできたかどうかはあなた個人の責任だと考える	1	2	3	4	5

2

主任介護支援専門員用（CM-3）

問４　ケアマネジメント支援業務における「センターの主任介護支援専門員と居宅介護支援事業所の介護支援専門員との関わり方」についてお答え下さい。回答は１から５の選択肢のうち、当てはまる番号を１つ選んで○をつけて下さい。

問４　センターの主任介護支援専門員と居宅介護支援事業所の介護支援専門員との関係

	センターの主任介護支援専門員として ➡ 居宅の介護支援専門員に対して	全くやっていない	あまりやっていない	どちらともいえない	時々やっている	いつもやっている
1	大変さをねぎらうこと	1	2	3	4	5
2	立場を尊重すること	1	2	3	4	5
3	仕事ができるように励ますこと	1	2	3	4	5
4	仕事に充実感を持てるように支援すること	1	2	3	4	5
5	仕事のストレスに耳を傾けること	1	2	3	4	5
6	会議等への参加を通して自信をつけさせる支援をすること	1	2	3	4	5
7	的確に仕事ができるように支援すること	1	2	3	4	5
8	専門家として成長できるように支援すること	1	2	3	4	5
9	専門的な知識や技術を教えること	1	2	3	4	5
10	サービス事業者等と連携できるように支援すること	1	2	3	4	5
11	業務が遂行できるように支援すること	1	2	3	4	5
12	仕事の成果を確認すること	1	2	3	4	5
13	コミュニケーションの機会をもつこと	1	2	3	4	5
14	直面している困難な事柄を解決できるように支援すること	1	2	3	4	5
15	業務の段取りができるように支援すること	1	2	3	4	5
16	書類が作成できるように支援をすること	1	2	3	4	5
17	業務の内容について助言すること	1	2	3	4	5
18	分担する役割を考えること	1	2	3	4	5

主任介護支援専門員用（CM-4）

第２部では、貴センターのケアマネジメント支援の実態を明らかにしたいと考えました。そこで、2006年（平成１８年）４月以降（注４）に、貴センターが他機関と協働して行ったケアマネジメント支援のうち、最も成果を上げたと思われる取り組みをひとつ思い浮かべて詳細にお答え下さい。

（注４）2006年(平成１８年)４月以前の取り組みのうち、現在まで継続して取り組んでいる事柄を含みます。

第２部　ケアマネジメント支援に関する取り組みについて

問１　最も成果を上げた取り組みの内容を簡潔に下記にご記入下さい。

例示：平成18年度から定期的に介護支援専門員と病院のMSWが一堂に会する場を設けている。

問２　その取り組みのきっかけとなった事柄をお答え下さい。

例示：介護支援専門員から入院中の利用者の退院支援をするときに、病院のMSWとどう連携すれば良いか分からないとの声があった。

問３　その取り組みの実施に際して、どのような目標を立てましたか？具体的にお答え下さい。

例示：介護支援専門員が病院との連携がスムーズにできるようになる。

主任介護支援専門員用（CM-5）

問４　最も成果を上げたその取り組みに関わった連携先（構成メンバー）に該当するものに○をつけ、連携先が果たしたと思われる機能を１から６の選択肢の中から選び、その番号を記入して下さい。（複数選択可）

《選択肢》

１．サポート（心理的な励まし、支え）
２．スーパービジョン（業務遂行上の責任を共有し、指示、指導をする）
３．コンサルテーション（助言をする）　　４．ネットワーキング（関係を調整する、協働する）
５．実態やニーズを把握する　　６．１～５以外の機能

最も成果を上げた取り組み

センター関連

連携先に○		選択肢の番号
地域包括支援センター職員		
在宅介護支援センター等の職員		
地域包括支援センター運営協議会の委員		

自治体関連

連携先に○		選択肢の番号
介護保険担当部署の職員		
高齢者福祉担当部署の職員		
生活保護担当部署の職員		
障害者福祉担当部署の職員		
上記以外の自治体職員		

保健所等

連携先に○		選択肢の番号
保健所・保健センターの保健師等		
精神保健福祉センターの保健師等		

医療関連

連携先に○		選択肢の番号
医師会から選任された医師		
歯科医師会から選任された医師		
上記以外の医師		
病院・診療所の関係者（MSW、看護師等）		
薬剤師会から選任された薬剤師		
上記以外の薬剤師		

権利擁護関連

連携先に○		選択肢の番号
権利擁護センター（社協以外）の職員		
成年後見センター（社協以外）の職員		
成年後見人等候補者の推薦団体の職員		

本人関係者

連携先に○		選択肢の番号
（個別ケースの）本人・家族		

その他の連携先

具体的に

介護サービス事業者関連

連携先に○		選択肢の番号
居宅介護支援事業所の介護支援専門員		
福祉施設の職員		
上記以外の介護サービス事業所の職員		

地域団体関連

連携先に○		選択肢の番号
自治会・町内会の関係者（会長等）		
民生委員		
住民の自主活動グループの関係者		
ボランティア団体のボランティア		
上記以外の地域の関係者		

企業

連携先に○		選択肢の番号
商店街（商店、コンビニエンスストア等）		
金融機関（銀行・郵便局等）		

社協関連

連携先に○		選択肢の番号
社協の権利擁護部門の職員		
社協のボランティア部門の職員		
上記以外の社協の職員		

職能団体

連携先に○		選択肢の番号
介護支援専門員の職能団体		
上記以外の専門職の職能団体		

公的機関等

連携先に○		選択肢の番号
警察署・交番の警察官		
消防署の職員		
消費者（生活）センターの職員		

その他

連携先に○		選択肢の番号
不動産及び公営住宅等の住宅関係者		
弁護士・司法書士		

主任介護支援専門員用（CM-6）

問５　その取り組みで成果を上げたこととは何ですか？具体的にお答え下さい。
例示：介護支援専門員と病院の MSW との連携がスムーズにできるようになった。病院から介護支援専門員に関する問い合わせが少なくなった。

問６　その取り組みでは、問３でお答え頂いた「目標」はどれくらい達成されましたか？100％を上限として数字でお答え下さい。

％

問７　その取り組みではどのような実態・ニーズを把握しましたか？具体的にお答え下さい。
例示：医師と話をすることが苦手な介護支援専門員が多い。介護支援専門員と医師との間に共通の言語が必要だった。

問８　その取り組みが発展するために必要と考える事項は何ですか？具体的にお答え下さい。
例示：医療機関と連携し退院支援のための統一のフォーマットなどの仕組みを作る。

問９　貴センターとしては、最も成果を上げているその取り組みを、地域ケア会議（注５）として位置づけていますか？当てはまる番号に○をつけて下さい。

（注５）この設問における「地域ケア会議」とは、「地域包括支援センターの設置運営について（平成18年10月18日付厚労省老健局計画・振興・老人保健課長通知平成24年3月30日一部改正）に定める地域ケア会議を指します。具体的には、「個別のケース検討等を通じ、①個々の高齢者の実態把握・課題解決を推進する多職種協働による地域包括支援ネットワークの構築、②多種多様な専門職の第三者的視点によるケアマネジャー等へのケアマネジメント支援（自立支援に資するケアマネジメントの推進）、③個別ケースの課題分析等を行うことによる地域課題の把握を目的として設置される会議体」のことをいいます。

１．位置づけている	２．位置づけていない

問10　第１部、第２部の設問を踏まえて、貴センターとしてケアマネジメント支援をするために必要なセンター内外の環境整備（特に必要な社会基盤整備）は何だと考えますか？具体的にその内容を記入して下さい。

主任介護支援専門員用（CM-7）

第３部　あなたの所属するセンターについて

問１　センターの運営主体について、当てはまるもの１つに○をつけて下さい。

1. 自治体直営	7. 株式会社
2. 社会福祉法人（社会福祉協議会を除く）	8. 社団法人（医療法人・地区医師会を除く）
3. 社会福祉協議会	9. 財団法人（医療法人を除く）
4. NPO 法人	10. その他（下記の回答欄に記入して下さい）（回答欄：　　　　　　）
5. 医療法人（社団・財団の医療法人を含む）	
6. 地区医師会	

問２　センターの所在地の圏域（注 6）について、当てはまる番号に○をつけて下さい。

	圏域名	区市町村名
1	区中央	千代田区、中央区、港区、文京区、台東区
2	区南部	品川区、大田区
3	区西南部	目黒区、世田谷区、渋谷区
4	区西部	新宿区、中野区、杉並区
5	区西北部	豊島区、北区、板橋区、練馬区
6	区東北部	荒川区、足立区、葛飾区
7	区東部	墨田区、江東区、江戸川区
8	西多摩	青梅市、福生市、羽村市、あきる野市、瑞穂町、日の出町、檜原村、奥多摩町
9	南多摩	八王子市、町田市、日野市、多摩市、稲城市
10	北多摩西	立川市、昭島市、国分寺市、国立市、東大和市、武蔵村山市
11	北多摩南	武蔵野市、三鷹市、府中市、調布市、小金井市、狛江市
12	北多摩北	小平市、東村山市、清瀬市、東久留米市、西東京市
13	島嶼	大島町、利島村、新島村、神津島村、三宅村、御蔵島村、八丈町、青ヶ島村、小笠原村

（注 6）圏域は東京都の「第５期高齢者保健福祉計画」で設定された「老人保健福祉圏域」及び「二次保健医療圏」です。

問４　センターの職員数（注 7）についてお答え下さい。（2013 年３月１日現在）

	職種	職員数内訳（在職年数別）（注 8）（注 9）			
		1 年未満	1～3 年未満	3～5 年未満	5 年以上
1	主任介護支援専門員	人	人	人	人
2	社会福祉士	人	人	人	人
3	保健師	人	人	人	人
4	看護師	人	人	人	人
5	介護支援専門員	人	人	人	人
6	その他	人	人	人	人

（注 7）「雇用形態（正規職員、正規職員以外の常勤、非常勤・パートタイム）」に関係なく、センターに勤務する職員数を「実人数（実際の人数）」でお答え下さい。
（注 8）有資格者ではなく、職名者数でご記入下さい。
（注 9）地域包括支援センターに在職してからの年数をお答え下さい。在宅介護支援センター等の場合、在宅介護支援センター等に在職してからの年数をお答え下さい。

主任介護支援専門員用（CM-8）

問５　地域包括支援センターの設置年度について、当てはまるもの１つに○をつけて下さい。

1. 平成１８年度（2006 年度）	5. 平成２２年度（2010 年度）
2. 平成１９年度（2007 年度）	6. 平成２３年度（2011 年度）
3. 平成２０年度（2008 年度）	7. 平成２４年度（2012 年度）
4. 平成２１年度（2009 年度）	

在宅介護支援センター等（注 5）の場合は設置年度をお答え下さい。　［　　　年度］

第４部　あなた自身について

問１　性別をお答え下さい。

1. 男性	2. 女性

問２　年齢をお答え下さい。

1．29 歳以下	2．30～39 歳	3．40～49 歳	4．50～59 歳	5．60 歳以上

問３　あなたの介護支援専門員以外の保有資格について、当てはまるものすべてに○をつけて下さい。
（2013 年３月１日現在）

1. 保有資格なし	12. 精神保健福祉士	25. 歯科衛生士
2. 介護福祉士	13. 臨床心理士	26. 薬剤師
3. 介護職員基礎研修課程修了資格	14. 医師	27. あん摩マッサージ指圧師
	15. 歯科医師	28. はり師
4. ホームヘルパー１級	16. 保健師	29. きゅう師
5. ホームヘルパー２級	17. 助産師	30. 柔道整復師
6. ホームヘルパー３級	18. 看護師	31. 栄養士(管理栄養士含む)
7. 社会福祉士	19. 准看護師	
8. 社会福祉主事	20. 理学療法士	
9. 主任介護支援専門員	21. 作業療法士	
10. ケアマネジメントリーダー養成研修終了資格	22. 言語聴覚士	
	23. 視能訓練士	
11. 認定ケアマネジャー資格	24. 技師装具士	

問４　所属組織及び所属センターでの勤続年数についてお答え下さい。（2013 年３月１日現在）

1．所属する組織での勤続年数	年　ヵ月
2．所属するセンターでの勤続年数	年　ヵ月
3．介護支援専門員としての経験年数	年　ヵ月
4．主任介護支援専門員の取得年	平成　年

問５　ケアマネジメント支援における「センターの管理者（センター長）とセンターの主任介護支援専門員との関わり方」についてお答え下さい。回答は１から５の選択肢のうち、当てはまる番号を１つ選んで○をつけて下さい。

問５　センターの管理者（センター長）と主任介護支援専門員との関係

	センターの管理者（センター長）として ⬇ 主任介護支援専門員に対して	全くやっていない	あまりやっていない	どちらともいえない	時々やっている	いつもやっている
1	直面している困難な事柄を解決できるように支援すること	1	2	3	4	5
2	業務の内容について助言すること	1	2	3	4	5
3	仕事に充実感を持てるように支援すること	1	2	3	4	5
4	業務の段取りができるように支援すること	1	2	3	4	5
5	分担する役割を考えること	1	2	3	4	5
6	仕事ができるように励ますこと	1	2	3	4	5
7	書類が作成できるように支援をすること	1	2	3	4	5
8	業務が遂行できるように支援すること	1	2	3	4	5
9	サービス事業者等と連携できるように支援すること	1	2	3	4	5
10	大変さをねぎらうこと	1	2	3	4	5
11	専門家として成長できるように支援すること	1	2	3	4	5
12	立場を尊重すること	1	2	3	4	5
13	会議等への参加を通して自信をつけさせる支援をすること	1	2	3	4	5
14	仕事のストレスに耳を傾けること	1	2	3	4	5
15	仕事の成果を確認すること	1	2	3	4	5
16	コミュニケーションの機会をもつこと	1	2	3	4	5
17	的確に仕事ができるように支援すること	1	2	3	4	5
18	専門的な知識や技術を教えること	1	2	3	4	5

質問は以上です。調査にご協力いただきありがとうございました。
ご回答いただいた調査票は、同封の返信用の封筒に入れ平成２５年３月29日（金）までに投函して下さい。よろしくお願い申し上げます。

区市町村用（M-1）

2011（平成23）年6月の改正介護保険法第115条の46第5項の規定に、地域包括支援センターと関係者との連携の努力義務が新設されました。地域包括支援センター運営マニュアル（注1）の中には、区市町村として、居宅介護支援事業所と地域包括支援センターが連携できるような環境整備を行い、センター間の連携調整、統合支援、関係機関とのネットワーク構築等の全体的なとりまとめを行うこと。また、地域課題に応じた施策を展開し、行政責任において地域住民の保健・福祉の促進を担っていく役割が明記されています。

環境整備に関しては、地域包括支援センターが、包括的・継続的ケアマネジメント支援業務として、地域の高齢者が住み慣れた地域で暮らすことができるよう、主治医、介護支援専門員との多職種協働、地域の関係機関と連携し後方支援を行うことと、環境整備を一体的に実施することが求められています。そこで、本調査では、区市町村が行っているケアマネジメント支援のための取り組みと、地域包括支援センターが行っているケアマネジメント支援としての取り組みの両面から、環境整備の実態を明らかにしたいと考えました。

そのために、区市町村、地域包括支援センター（在宅介護支援センターを含む）両者にアンケートをお願いしています。貴区市町村の取り組みの実態を教えて下さい。

（注1）『地域包括支援センター運営マニュアル2012（平成24年3月）』p17.

第1部　区市町村のセンターの状況について

問1　区市町村名：＿＿＿＿＿＿＿＿＿＿（区・市・町・村）

問2　貴区市町村のセンター数（注2）を記入して下さい。

1	直営型地域包括支援センター	ヶ所
2	委託型地域包括支援センター	ヶ所
3	在宅介護支援センター等（注3）	ヶ所

（注2）本調査における「センター」とは、上記3つのセンターを指します。

（注3）「在宅介護支援センター等」とは、老人福祉法上の「老人介護支援センター（在宅介護支援センター）」及びサブセンター（地域包括支援センターの支所）」、「ブランチ（地域包括支援センターにつなぐための『窓口』）」を指します。「サブセンター」と「ブランチ」の定義は東京都の定義を用いています。

問3　貴区市町村内のセンターや居宅介護支援事業所等に勤務する主任介護支援専門員の把握状況（2013年3月現在）についてお答え下さい。回答は1から3の選択肢のうち該当する番号に○をつけて下さい。「1．全て把握している」「2．一部把握している」と回答した方は人数とその内訳を記入して下さい。なお、人数が不明な場合は「不明」に○をつけて下さい。

	1.全て把握している	2.一部把握している		3.把握していない
主任介護支援専門員の総人数	人			
地域包括支援センター	人	人	不明	
在宅介護支援センター等	人	人	不明	
居宅介護支援事業所	人	人	不明	
その他、介護保険施設等	人	人	不明	

1

区市町村用（M-2）

第2部では、ケアマネジメントの担い手である介護支援専門員に対して、センターの主任介護支援専門員からの支援として何が必要かを明らかにしたいと考えました。

そこで、区市町村から見た、「センターの主任介護支援専門員と居宅介護支援事業所の介護支援専門員」との関わり方について貴区市町村の考えをお聞かせ下さい。

第2部　ケアマネジメント支援について

問1　貴区市町村が考える「センターの主任介護支援専門員としての居宅介護支援事業所の介護支援専門員」との関わり方についてお答え下さい。
回答は1から5の選択肢のうち該当する番号を1つ選んで○をつけて下さい。

問1　センターの主任介護支援専門員と居宅介護支援事業所の介護支援専門員との関係

	区市町村として、主任介護支援専門員に期待することは ➡ 居宅の介護支援専門員の	全く必要だと思わない	それほど必要だと思わない	どちらともいえない	時々必要だと思う	いつも必要だと思う
1	分担する役割を考えること	1	2	3	4	5
2	業務の内容について助言すること	1	2	3	4	5
3	書類が作成できるように支援すること	1	2	3	4	5
4	業務の段取りができるように支援すること	1	2	3	4	5
5	直面している困難な事柄について解決できるように支援すること	1	2	3	4	5
6	コミュニケーションの機会をもつこと	1	2	3	4	5
7	仕事の成果を確認すること	1	2	3	4	5
8	業務が遂行できるように支援すること	1	2	3	4	5
9	サービス事業者等と連携できるように支援すること	1	2	3	4	5
10	専門的な知識や技術を教えること	1	2	3	4	5
11	専門家として成長できるように支援すること	1	2	3	4	5
12	的確に仕事ができるように支援すること	1	2	3	4	5
13	会議等への参加を通して自信をつけさせる支援をすること	1	2	3	4	5
14	仕事のストレスに耳を傾けること	1	2	3	4	5
15	仕事に充実感を持てるように支援すること	1	2	3	4	5
16	仕事ができるように励ますこと	1	2	3	4	5
17	立場を尊重すること	1	2	3	4	5
18	大変さをねぎらうこと	1	2	3	4	5

2

第３部では、区市町村のケアマネジメント支援の実態を明らかにしたいと考えました。そこで、2006年（平成１８年）４月以降（注４）に、貴区市町村が他機関と協働して行ったケアマネジメント支援のうち、最も成果を上げたと思われる取り組みをひとつ思い浮かべて詳細にお答え下さい。

（注４）2006年(平成１８年)４月以前の取り組みのうち、現在まで継続して取り組んでいる事柄を含みます。

第３部　ケアマネジメント支援に関する取り組みについて

問１　最も成果を上げた取り組みの内容を簡潔に下記にご記入下さい。

例示：平成18年度から当自治体内で活動する新任の介護支援専門員に対し、介護支援専門員協議会と協働して、年度初めに自治体独自のサービス等の研修会を開催している。

問２　その取り組みのきっかけとなった事柄お答え下さい。

例示：介護支援専門員から、担当エリアが変わると、自治体によって使えるサービスが違うので困るという声があった。

問３　その取り組みの実施に際して、どのような目標を立てましたか？具体的にお答え下さい。

例示：介護支援専門員が、介護保険のサービスだけでなく、自治体独自のサービスも活用したケアマネジメントができるようになる。当エリアで介護支援専門員が仕事を継続しやすくする。

問４　最も成果を上げたその取り組みに関わった連携先（構成メンバー）に該当するものに○をつけ、連携先が果たしたと思われる機能を１から６の選択肢の中から選び、その番号を記入して下さい。（複数選択可）

《選択肢》

１．サポート（心理的な励まし、支え）
２．スーパービジョン（業務遂行上の責任を共有し、指示、指導をする）
３．コンサルテーション（助言をする）
４．ネットワーキング（関係を調整する、協働する）
５．実態やニーズを把握する
６．１～５以外の機能

最も成果を上げた取り組み

連携先に○		選択肢の番号
センター関連		
地域包括支援センター職員		
在宅介護支援センター等の職員		
地域包括支援センター運営協議会の委員		
自治体関連		
介護保険担当部署の職員		
高齢者福祉担当部署の職員		
生活保護担当部署の職員		
障害者福祉担当部署の職員		
上記以外の自治体職員		
保健所等		
保健所・保健センターの保健師等		
精神保健福祉センターの保健師等		
医療関連		
医師会から選任された医師		
歯科医師会から選任された医師		
上記以外の医師		
病院・診療所の関係者（MSW、看護師等）		
薬剤師会から選任された薬剤師		
上記以外の薬剤師		
権利擁護関連		
権利擁護センター（社協以外）の職員		
成年後見センター（社協以外）の職員		
成年後見人等候補者の推薦団体の職員		
本人関係者		
（個別ケースの）本人・家族		
その他の機能		
具体的に		

連携先に○		選択肢の番号
介護サービス事業者関連		
居宅介護支援事業所の介護支援専門員		
福祉施設の職員		
上記以外の介護サービス事業所の職員		
地域団体関連		
自治会・町内会の関係者（会長等）		
民生委員		
住民の自主活動グループの関係者		
ボランティア団体のボランティア		
上記以外の地域の関係者		
企業		
商店街（商店、コンビニエンスストア等）		
金融機関（銀行・郵便局等）		
社協関連		
社協の権利擁護部門の職員		
社協のボランティア部門の職員		
上記以外の社協の職員		
職能団体		
介護支援専門員の職能団体		
上記以外の専門職の職能団体		
公的機関等		
警察署・交番の警察官		
消防署の職員		
消費者（生活）センターの職員		
その他		
不動産及び公営住宅等の住宅関係者		
弁護士・司法書士		

区市町村用（M-5）

問５　その取り組みで成果を上げたこととは何ですか？具体的にお答え下さい。

例示：ケアマネ同士の繋がりができ、協議会の取り組みへの参加が増えた。自治体単独サービスの問い合わせが少なくなった。

問６　その取り組みでは、問３でお答え頂いた「目標」はどれくらい達成されましたか？100％を上限として数字でお答え下さい。

％

問７　その取り組みではどのような実態・ニーズを把握しましたか？具体的にお答え下さい。

例示：１人ケアマネは身近に相談できる人がいないので、ケアマネ同士の横の繋がりが必要。当自治体には生活支援のサービスが不足している。

問８　その取り組みが発展するために必要と考える事項は何ですか？具体的にお答え下さい。

例示：ケアマネ同士の繋がりを継続できるように定期的な勉強会等を開催する。

問９　貴区市町村としては、最も成果を上げているその取り組みを、地域ケア会議（注５）**として位置づけていますか？該当する番号に○をつけて下さい。**

（注５）この設問における「地域ケア会議」とは、「地域包括支援センターの設置運営について（平成18年10月18日付厚労省老健局計画・振興・老人保健課長通知平成24年３月30日一部改正）」に定める地域ケア会議を指します。具体的には、「個別のケース検討等を通じ、①個々の高齢者の実態把握・課題解決を推進する多職種協働による地域包括支援ネットワークの構築、②多種多様な専門職の第三者的視点によるケアマネジャー等へのケアマネジメント支援（自立支援に資するケアマネジメントの推進）、③個別ケースの課題分析等を行うことによる地域課題の把握を目的として設置される会議体」のことをいいます。＊３月に実施した地域包括支援センター向けの調査と整合性を持たせるため、平成25年３月29日の一部改正前のもので規定しています。

１．位置づけている	２．位置づけていない

問10　最後に第１部から第３部の設問を踏まえて、貴区市町村としてケアマネジメント支援をするために必要なセンター内外の環境整備（特に必要な社会基盤整備）は何だと考えますか？具体的にその内容を記入して下さい。

質問は以上です。調査にご協力いただきありがとうございました。

2　引用・参考文献（一部抜粋）

荒木昭次郎(2012)「協働型自治行政の理念と実際」敬文堂

飯野春樹監訳(1997)「現代組織論とバーナード」文眞堂

飯野春樹監訳・バーナード協会訳(1990)「組織と管理」文眞堂

飯野春樹監訳・バーナード協会訳(1987)「経営者の哲学」文眞堂

飯野春樹著(1992)「バーナード組織論研究」文眞堂

石川久展、松岡克尚(2012)「専門職ネットワークの構築・活用プロセスに関する研究－介護支援専門員フォーカスグループ・インタビュー調査を通してー」『人間福祉学研究』5 －1,73－84.

一般社団法人長寿社会開発センター(2012)『地域包括支援センター運営マニュアル2012～保険者・地域包括支援センターの協働による地域包括ケアの実現を目指して～』44.

井上信宏(2007)「地域包括支援センターの運営にみる困難事例への対応－地域包括ケアの践と困難事例の解決のためにー」『信州大学経済学論集』57,15－47.

大阪府(2011)『地域包括ケア検討会報告書資料編 3』

加藤勝康・飯野春樹編(1987)「バーナードー現代社会と組織問題ー」分眞堂

厚生労働省老健局(2004)「介護保険制度改革の全体像－持続可能な介護保険制度の構築ー」

厚生労働省老健局(2006)『Vol 3 地域包括支援センターの体制整備の促進について(訂正後)』

紅林伸幸(2007)「協働の同僚性としての《チーム》－学校臨床社会学からー」『教育学研究』74-2,36－50.

田尾雅夫(1999)『組織の心理学』新版. 東京:有斐閣.

地域ケア政策ネットワーク(2004)「新自治研究会サービス圏域分科会」

長寿社会開発センター(2012)「地域包括支援センター運営マニュアル」

筒井孝子(2006)「改正介護保険報における地域包括ケア体制とは」J.Natl.Inst.Public Health,55(1)

寺田富二子他(2012)「直営型地域包括支援センターに勤務する社会福祉士のネットワーク構築に関する認識」『弘前医療福祉大学紀要』3.1.43－53.

東京都福祉保健局(2010)『基幹型地域包括支援センターモデル事業報告書』

東京都(2013)「平成25年地域包括支援センター運営状況調査」

東京都社会福祉協議会(2014)『地域包括支援センター等の状況把握調査報告書』

鳥羽美香(2007)「地域ケアシステムにおける地域包括支援センターの機能に関する研究－ソーシャルワーカーの役割と職種間協働を中心にー」『文京学院大学人間学部研究紀要』9.223－233.

中村和彦・塩見康史・高木穣(2010)「職場における協働の創生－その理論と実践ー」『人間関係研究』9,1-34.

福山和女(1999)「福祉・保健・医療のネットワークにおける医療ソーシャルワークの機能」『ソーシャルーク研究』25(1) 9 -16.

福山和女(2000)「社会福祉の過渡期にみる専門家への現任訓練」『ソーシャルワーク研究』26(1)19-26.

福山和女(2005)「カンファレンス協働－医療・保健・福祉における専門家のためにー」FK研究グループ.97.

福山和女(2003)「専門職の協働体制の意義」『社会福祉学評論』3.1－11.

福山和女(2005)『カンファレンス協働－医療・保健・福祉における専門家のために』FK研究グループ.97.

福山和女(2009)「ソーシャルワークにおける協働とその技法」『ソーシャルワーク研究』34(4) 4 -16.

福山和女(2010)「医療・保健・福祉領域での協働のあり方－医学的リハビリテーションにソーシャルワークの視点を援用してー」『総合リハ』38.12.1155－1161.

福山和女他(2010)「高齢者施設における終末期ケアでのトータルマネジメント技法の開発－利用者および家族の意思決定支援に焦点を当ててー」『ホスピス財団ホスピス・緩和ケアに関する調査研究報告』

松﨑吉之助(2013)「地域包括支援センターの専門職と民生委員の連携・協働に関する研究」『国立大学法人横浜国立大学大学院環境情報学府博士論文』

山本安次郎・田杉競・飯野春樹訳(2005)『新訳　経営者の役割』ダイヤモンド社

由布佐和子(1999)「教師集団の解体と再編－教師の「協働」を考える」教育出版,52－70.

吉川悟(2009)「システム論からみた援助組織の協働　組織のメタ・アセスメント」金剛出版

吉沢裕子(2003)「援助困難ケースの全体像～実態把握票作成とその集計分析より～」『地域保健』81－89.

リスクマネジメント規格活用検討会編著(2010)「ISO 31000:2009 リスクマネジメント 解説と適用ガイド」

和気純子(2005)「高齢者ケアマネジメントにおける困難ケースーソーシャルワークからの接近ー」人文学報(社会福祉学21).351.99－121

3　包括的・継続的ケアマネジメント支援委員会経過

年　度	内　容	月　日
2013年	調査実施	3月14日（支援センター宛）・4月15日（区市町村宛）
	委員会開催	7月25日・8月28日・9月24日・10月22日・11月19日・12月16日・1月28日・2月25日・3月25日
2014年	委員会開催	4月22日・5月27日・6月24日・7月23日・9月29日・10月28日・11月25日・12月16日・1月27日・2月27日・3月24日
	ヒアリング実施	8月22日（沖縄県豊見城市地域包括支援センター・伊是名村地域包括支援センター）
2015年	委員会開催	4月28日・5月26日・6月23日・7月28日・8月25日・9月10日・10月27日・11月24日・12月22日・1月26日・2月23日
	ヒアリング実施	7月31日（小平市地域包括支援センター小川ホーム）・8月10日（西日暮里地域包括支援センター）・9月10日（落合第一高齢者総合相談センター）・9月29日（国分寺地域包括支援センターもとまち）・10月23日（立川市南部西ふじみ地域包括支援センター）
	報告書編集打合せ	2月5日・2月9日・3月8日・3月15日
2016年	委員会開催	4月26日・5月24日

4　包括的・継続的ケアマネジメント支援委員会名簿

所　属	氏　名	備　考
小平市地域包括支援センター小川ホーム	小林　美穂	支援センター分会　会長
赤羽高齢者あんしんセンター	大森　てい子	支援センター分会　副会長
武蔵野赤十字在宅介護支援センター	岸　千代	包括的・継続的ケアマネジメント支援委員会委員長
東村山市北部地域包括支援センター	海老原　努	
府中市地域包括支援センター泉苑	永合　美穂	
調布市地域包括支援センター仙川	下ノ本　直美	
落合第一高齢者総合相談センター	植木　豊実	
調布市地域包括支援センターはなみずき	赤羽　陽子	
日本社会事業大学専門職大学院	沼田　裕樹	オブザーバー
高崎健康福祉大学社会福祉学科	大口　達也	オブザーバー
町田市社会福祉協議会	永田　隆	オブザーバー

（2016年5月現在）